Recettes de Keda Black
Photographies de Frédéric Lucano

le grand livre de recettes nutella®

MARABOUT

nutella
FERRERO
LAIT ECREME
PATE A TARTINER AUX NOISETTES

sommaire

chapitre 1
Viennoiserie et petits goûters
page 5

chapitre 2
Petites douceurs
page 35

chapitre 3
Les desserts chics
page 71

chapitre 4
Les bonnes choses toutes simples
page 105

chapitre 5
goûters de fête
page 153

CHAPITRE 1

Viennoiserie & petits goûters

Grille à la poire et au nutella®

30 minutes de préparation - 30 minutes de cuisson
Pour 6 personnes

- 500 g de pâte feuilletée pur beurre prête à l'emploi
- 1 œuf + 1 œuf pour dorer
- 5-6 poires au sirop égouttées
- les graines raclées de 1/2 gousse de vanille
- 80 g de NUTELLA®
- 120 ml de crème liquide légère

Préchauffer le four à 190 °C.

Couper les poires en tranches fines. Couper la pâte feuilletée en deux morceaux. Étaler en rectangles de 15 x 20 cm environ. Poser le premier rectangle sur une plaque humide.

Fouetter la crème liquide avec l'œuf et la vanille. Ranger les tranches de poire sur le plus grand rectangle de pâte. Verser le mélange œuf-crème-vanille par-dessus.

Détendre le NUTELLA® en plaçant le pot dans une casserole d'eau très chaude puis faire des zigzags de NUTELLA® sur les poires.

Passer le second rectangle de pâte au rouleau à losanges puis le déposer sur la garniture. Bien sceller les bords. Dorer avec l'œuf battu.

Enfourner pour 30 minutes environ.

variante
On peut supprimer le mélange crème-œuf-vanille et mettre sous les poires une crème d'amandes légère préparée comme dans la recette de la galette des rois (page 178).

Brioche fourrée au nutella®

40 minutes de préparation - 25 minutes de cuisson
2 heures de repos
Pour 3 brioches moyennes

- 600 g de farine
- 2 cuillerées à café de sel
- 30 g de levure de boulanger fraîche (ou 15 g de levure sèche)
- 150 ml de lait tiède
- 3 œufs
- 150 g de beurre
- 75 g de NUTELLA®
- beurre ou huile pour les moules
- 1 œuf pour la dorure

Mélanger la farine et le sel dans un grand bol puis faire un puits. Émietter dedans la levure et verser le lait tiédi. Si on utilise de la levure sèche, la délayer au préalable dans un peu de lait tiède et attendre 5 minutes avant de la mettre dans la farine. Délayer, ajouter les œufs et le beurre coupé en dés.

Former une pâte puis la pétrir 7-8 minutes. La laisser reposer 1 heure 30.

Beurrer des moules à brioche. Former des boules de pâte un peu plus petites que les moules et d'autres boules plus petites (environ 1 quart à 1 tiers de la taille des boules). Prendre les grosses boules, les étaler à plat, y déposer une belle cuillerée à soupe de NUTELLA®, les fermer comme un chausson en scellant bien les bords. Reformer les boules.

Mettre ces boules fourrées dans les moules. Enfoncer le pouce pour faire un trou. Avec les boules plus petites, former une sorte de goutte. Mettre la base de la goutte dans le trou et bien l'enfoncer. Dorer à l'œuf battu et laisser reposer 30 minutes.

Préchauffer le four à 210 °C.

Dorer encore les brioches et les enfourner pour 25 minutes environ.

Petits pains roulés au nutella®

30 minutes de préparation - 2 heures 30 de repos
15 minutes de cuisson
Pour une dizaine de petits roulés

225 g de farine

1 cuillerée à soupe de sucre

1 pincée de cannelle ou de quatre-épices

1/2 cuillerée à café de sel

75 ml de lait tiède

1/2 sachet de levure de boulanger sèche (ou 10 g de levure fraîche)

100 g de beurre salé

1 œuf

120 g de NUTELLA®

50 g d'amandes effilées

Pour décorer (facultatif)

95 g de sucre glace

2 cuillerées à café de jus de citron

1 cuillerée à soupe de graines de pavot

Dans un grand récipient, mélanger la farine, le sucre, le quatre-épices et le sel. Faire un puits, y verser le lait et ajouter la levure. Délayer celle-ci dans le lait puis incorporer la farine. Former une pâte.

Ajouter le beurre et l'œuf puis pétrir pendant 5 minutes. Laisser la pâte reposer 2 heures en couvrant le bol avec un film alimentaire huilé.

Étaler la pâte en un rectangle (peu importe la taille, il doit faire 4-5 mm d'épaisseur environ). Tartiner le dessus de NUTELLA® (pour plus de facilité, le détendre un peu en plaçant le pot dans une casserole d'eau bouillante). Parsemer d'amandes. Replier le rectangle en trois et le tourner d'un quart de tour.

Réétaler la pâte en un rectangle un peu plus petit que précédemment puis le rouler en un boudin serré.

Couper le boudin en tranches de 1,5 à 2 cm d'épaisseur. Les ranger sur une plaque huilée ou couverte d'un papier sulfurisé, à intervalles de 2,5 cm environ. Laisser lever pendant 30 minutes.

Préchauffer le four à 225 °C. Enfourner les roulés pour 15 minutes environ.

Si l'on veut « glacer » les roulés : mélanger le sucre glace et le citron. À la sortie du four, badigeonner les pains avec le glaçage au citron et saupoudrer de graines de pavot.

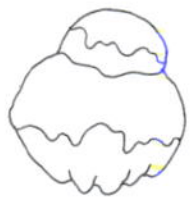

Chaussons à la poire et au nutella®

30 minutes de préparation – 12 à 15 minutes de cuisson
Pour 6-7 chaussons

2 ou 3 poires

1 citron

400 g de pâte feuilletée pur beurre prête à l'emploi, de bonne qualité

1 œuf

75 g de NUTELLA®

1 pincée de cardamome ou les graines de 1/2 gousse de vanille

1 sirop fait avec 50 g de sucre et 50 ml d'eau, chauffés ensemble jusqu'à ce que le sucre soit dissous (facultatif)

Peler les poires, les couper en deux, enlever le trognon puis les couper en tranches fines. Les citronner.

Préchauffer le four à 200 °C.

Étaler assez finement la pâte feuilletée en une bande de 12 à 15 cm de côté. Marquer (sans couper) tout au long de la bande des ronds de 12 cm de diamètre environ à l'emporte-pièce.

Fouetter l'œuf dans un bol. Au pinceau, tracer des demi-cercles de dorure (l'œuf battu) à l'intérieur des cercles marqués sur la pâte. Dans l'autre partie du cercle, poser 2-3 tranches de poire, saupoudrer de cardamome ou de quelques graines raclées de vanille et une petite cuillerée de NUTELLA®.

Replier la bande dans la longueur. Découper chaque chausson puis appuyer les bords de pâte avec les doigts pour souder.

Poser les chaussons sur une plaque recouverte de papier sulfurisé, soudure vers le bas. Dorer à l'œuf battu. Pratiquer des rayures avec le dos d'un couteau (on veut marquer plutôt que couper) et enfourner pour 12 à 15 minutes.

À la sortie du four, badigeonner les chaussons, si on le souhaite, de sirop pour que ça brille encore plus !

Petits pains briochés au nutella®

30 minutes de préparation - 12 minutes de cuisson
3 heures 45 de repos
Pour une quinzaine de mini pains

250 g de farine
1 cuillerée à café de sel
1 cuillerée à soupe de sucre
10 g de levure de boulanger fraîche
(ou 5 g de levure sèche)
50 g de beurre
50 ml de lait tiède
40 ml d'eau tiède
2 œufs
50 g de NUTELLA®

Mélanger la farine, le sucre et le sel dans un bol. Faire un puits. Déposer au centre la levure émiettée, l'eau et le lait puis délayer. Si l'on utilise de la levure sèche, la délayer au préalable dans un peu de lait tiède et attendre 5 minutes avant de l'ajouter à la farine.

Ajouter 1 œuf et le beurre coupé en dés. Former une pâte puis la pétrir 7-8 minutes. La laisser reposer 3 heures dans un bol couvert d'un film.

Diviser la pâte en morceaux et former des boules de la taille d'une noix. Les aplatir, poser une petite cuillerée de NUTELLA® au milieu, replier les deux bords vers l'intérieur et souder de manière à former des petits pains. Les poser dans les moules forme NUTELLA®, les plus grands, en les enfonçant délicatement.

Les dorer avec l'œuf restant battu puis les laisser lever 45 minutes en les couvrant d'un torchon ou d'un film alimentaire huilé.

Préchauffer le four à 190 °C puis enfourner les pains pour 10-12 minutes.

Remarque
Il est possible de cuire les petits pains dans des moules pour leur donner une forme originale, comme ci-contre.

Chaussons à l'italienne

50 minutes de préparation - 30 minutes de repos
12 à 15 minutes de cuisson
Pour 12 à 15 chaussons

400 g de pâte feuilletée pur beurre prête à l'emploi, de bonne qualité

200 g de NUTELLA®

Étaler la pâte en un rectangle d'environ 40 x 25 cm et 2-3 mm d'épaisseur. Rouler ce rectangle en un boudin serré. L'envelopper dans du film alimentaire et le placer 30 minutes au frais.

Couper le boudin en tranches de 1 cm d'épaisseur. À l'aide d'un rouleau à pâtisserie, étaler chaque tranche de manière à former un ovale.

Préchauffer le four à 220 °C. Tartiner chaque moitié d'ovale de NUTELLA®. Replier l'autre moitié de l'ovale dessus et bien souder les bords avec les doigts. Placer les chaussons sur une plaque et les enfourner pour 12 à 15 minutes.

variante
On peut, pour cette recette, mélanger 100 g de crème pâtissière avec 100 g de NUTELLA® à la place du NUTELLA® pur.

nutella
FERRERO
400g
NE PAS METTRE AU FRIGO
PATE A TARTINER AUX NOISETTES

Palmiers au nutella®

20 minutes de préparation - 12 à 15 minutes de cuisson
10 minutes de repos
Pour 15 à 20 petits palmiers

100 g de NUTELLA®

400 g de pâte feuilletée pur beurre prête à l'emploi, de bonne qualité

en option : 60 g de noisettes, noix ou amandes concassées assez finement

Détendre le NUTELLA® en plaçant le pot dans une casserole d'eau très chaude.

Étaler la pâte feuilletée en un rectangle allongé de 20 cm de côté, assez finement. Délicatement, à la spatule, la tartiner de NUTELLA®. Saupoudrer de noix ou de noisettes, si on veut.

Plier les deux bords longs opposés vers l'intérieur, au quart du rectangle. Plier encore vers la ligne médiane au centre du rectangle. On obtient un boudin.
Le laisser reposer 10 minutes au réfrigérateur.

Préchauffer le four à 200 °C.

Couper le boudin en tranches de 4 à 5 mm d'épaisseur.

Les poser sur une plaque garnie d'un papier sulfurisé en les espaçant bien et les enfourner pour 12 à 15 minutes environ.

Flan pâtissier au nutella®

35 minutes de préparation – 1 heure 10 de cuisson
2 heures de repos
Pour 6 personnes

200 g de beurre
400 g de farine
un peu d'eau froide
beurre (pour le moule)
1 cuillerée à café de sel
1 litre de lait
1 gousse de vanille
8 œufs
90 g de Maïzena
100 g de NUTELLA®

Réaliser une pâte brisée : couper le beurre en morceaux et le mélanger avec la farine en frottant du bout des doigts. Quand le mélange ressemble à de grosses miettes, ajouter 5 à 6 cuillerées à soupe d'eau froide et rassembler la pâte avec un couteau à bout rond. Rajouter de l'eau si nécessaire. Rassembler la pâte en boule avec les mains, sans trop la travailler. L'emballer dans un film alimentaire et la placer au réfrigérateur 1 heure au minimum.

Préchauffer le four à 180 °C.

Étaler la pâte. Foncer un moule à tarte beurré. Poser un papier sulfurisé sur la pâte, le couvrir de haricots secs, enfourner et cuire à blanc 15 minutes. Enlever le papier et les haricots secs et cuire encore 5 minutes.

Porter le lait à ébullition avec la gousse de vanille fendue en deux. Fouetter ensemble les œufs, la Maïzena et le sel. Ajouter un peu de lait chaud, bien délayer, puis remettre le tout dans la casserole. Cuire à feu doux pendant 2 minutes environ. Ajouter le NUTELLA® dans la crème chaude.

Garnir le fond de tarte de la préparation et enfourner pour 40 minutes. Laisser refroidir le flan au moins 1 heure à température ambiante puis au moins 1 heure au réfrigérateur avant de le déguster.

variante
On peut remplacer la pâte feuilletée par une bonne pâte sablée toute faite.

On peut aussi verser la crème nature sur le fond de pâte, puis faire des marbrures de NUTELLA®.

Muffins noix-banane et nutella®

20 minutes de préparation - 15 minutes de cuisson
Pour 6 gros muffins (ou 12 mini)

- 50 g de beurre (+ un peu pour les moules)
- 150 g de farine
- 1/2 cuillerée à soupe de levure chimique
- 1/2 cuillerée à café de sel
- 1 œuf
- 125 ml de lait
- 3 cuillerées à soupe de sucre
- 75 g de NUTELLA®
- 1 banane bien mûre
- 50 g de noix hachées

Préchauffer le four à 200 °C. Beurrer les moules à muffin ou les garnir d'une caissette en papier.

Faire fondre le beurre dans une petite casserole. Mettre la farine, la levure et le sel dans un bol et bien mélanger (avec un fouet si possible). Dans un grand verre mesureur ou un autre bol, fouetter le beurre fondu, l'œuf, le lait, le sucre et le NUTELLA®. Écraser la banane.

Verser les liquides sur les solides, ajouter la banane et les noix hachées puis mélanger légèrement à la cuillère : attention à ne pas trop mélanger, on ne recherche pas une texture bien lisse, il faut qu'il reste des grumeaux.

Répartir la pâte dans les moules et enfourner pour 15 minutes environ (enfoncer un couteau : il doit ressortir propre).

Muffins au sarrasin et au nutella®

15 minutes de préparation - 15 minutes de cuisson
Pour 6 gros muffins (ou 12 mini)

- 50 g de beurre (+ un peu pour les moules)
- 100 g de farine
- 50 g de farine de sarrasin
- 1/2 cuillerée à soupe de levure chimique
- 1/2 cuillerée à café de sel
- 1 œuf
- 125 ml de lait
- 3 cuillerées à soupe de sucre roux
- 100 g de NUTELLA®
- 1/2 cuillerée à café de cannelle

Préchauffer le four à 200 °C. Beurrer les moules ou les garnir d'une caissette en papier.

Faire fondre le beurre dans une petite casserole. Mettre les farines, la levure et le sel dans un bol. Bien mélanger (avec un fouet si possible). Dans un grand verre mesureur ou un autre bol, fouetter le beurre fondu, l'œuf, le lait, le sucre (sauf 1 cuillerée à soupe) et le NUTELLA®.

Verser les liquides sur les solides et mélanger légèrement à la cuillère : attention à ne pas trop mélanger, on ne recherche pas une texture bien lisse, il faut qu'il reste des grumeaux.

Répartir la pâte dans les moules.

Mélanger la cannelle et la cuillerée de sucre restant et saupoudrer les muffins de ce mélange. Les enfourner pour 15 minutes environ (enfoncer un couteau : il doit ressortir propre).

Muffins cœur de nutella®

15 minutes de préparation - 15 minutes de cuisson
Pour 6 gros muffins (ou 12 mini)

- 150 g de farine
- 1/2 cuillerée à soupe de levure chimique
- 1/2 cuillerée à café de sel
- 50 g de beurre
- 1 œuf
- 125 ml de lait
- 3 cuillerées à soupe de sucre
- 100 g de NUTELLA®

Préchauffer le four à 200 °C. Beurrer les moules à muffin ou les garnir d'une caissette en papier.

Faire fondre le beurre dans une petite casserole. Mettre la farine, la levure et le sel dans un bol puis bien mélanger (avec un fouet si possible). Dans un grand verre mesureur ou un autre bol, fouetter ensemble le beurre fondu, l'œuf, le lait et le sucre.

Verser les liquides sur les solides et mélanger légèrement à la cuillère : attention à ne pas trop mélanger, on ne recherche pas une texture bien lisse, il faut qu'il reste des grumeaux.

Verser le mélange dans les moules. Dans chaque muffin, ajouter une cuillerée de NUTELLA® au centre, en l'enfonçant un peu. Enfourner pour 15 minutes environ.

nutella
400g
NE PAS METTRE AU FROID
LAIT ECREME
PATE A TARTINER AUX NOISETTES

Pain perdu au nutella®

15 minutes de préparation – 30-40 minutes de cuisson
Pour 4 personnes

10 tranches de pain de la veille ou avant
100 g de NUTELLA®
500 ml de lait
2 œufs
20 g de beurre mou

Préchauffer le four à 190 °C.

Beurrer un plat à four (en utilisant tout le beurre). Ranger les tranches de pain dans le moule en les faisant tenir plus ou moins debout. Dans un grand bol, fouetter ensemble le lait, les œufs et le NUTELLA®. Verser cette crème sur le pain.

Enfourner pour 30 à 40 minutes : le dessus doit être gonflé et doré. Saupoudrer de sucre et manger tiède, de préférence.

remarque
Pour ce dessert, il faut vraiment ajuster les quantités à la taille du plat. Les tranches de pain doivent être relativement serrées : en mettre plus si le plat est grand. Le liquide doit juste laisser dépasser le sommet des tranches : s'il n'y en a pas assez, ajouter un œuf battu avec environ 300 ml de lait et un peu de sucre.

Barres de céréales au nutella®

30 minutes de préparation - 20 minutes de cuisson
Pour une dizaine de carrés

- 125 g de beurre
- 3 cuillerées à soupe de sucre roux
- 1 cuillerée à soupe de miel
- 200 g de flocons d'avoine ou de flocons 5 céréales
- 75 g de raisins secs
- 25 g de noix hachées
- 75 g de NUTELLA®

Préchauffer le four à 180 °C. Beurrer un moule carré de 15 cm de côté environ (on peut utiliser des barquettes en aluminium jetables ou utiliser un moule rond).

Faire fondre dans une petite casserole, à feu doux, le reste du beurre, le sucre et le miel, en mélangeant avec une cuillère en bois. On peut réaliser cette étape dans un micro-ondes.

Hors du feu, ajouter les flocons d'avoine, les raisins et les noix hachées. Bien mélanger. Ajouter le NUTELLA® et mélanger juste assez pour le répartir dans le mélange, mais il n'a pas besoin d'être complètement incorporé.

Verser cette préparation dans le moule et tasser avec une spatule. Enfourner pour 20 minutes.

À la sortie du four, couper le gâteau en carrés en les laissant dans le moule. Démouler les carrés une fois qu'ils sont froids.

Granola

10 minutes de préparation - 10 minutes de cuisson
Pour une vingtaine de portions

- 50 g de beurre
- 3 cuillerées à soupe de sucre roux
- 3 cuillerées à soupe de miel
- 200 g de flocons d'avoine ou de flocons 5 céréales
- 75 g de raisins secs
- 25 g de noix hachées
- 75 g de NUTELLA®

Préchauffer le four à 180 °C.

Dans une petite casserole, faire fondre le beurre, le sucre et le miel à feu doux, en mélangeant avec une cuillère en bois. Retirer la casserole du feu, ajouter les flocons d'avoine, les raisins secs et les noix hachées. Bien mélanger. Ajouter le NUTELLA® et mélanger juste assez pour le répartir dans la préparation, sans l'incorporer complètement.

Étaler ce mélange sur une plaque couverte d'un papier sulfurisé, sans tasser. Enfourner pour 10 minutes environ : les flocons d'avoine doivent avoir un peu doré. Laisser refroidir, émietter le granola et le stocker dans une boîte hermétique.

Déguster ce granola au petit déjeuner avec du lait, mélangé ou non avec d'autres céréales, du yaourt, des fruits frais (bananes, baies...).

Ce granola se conserve une dizaine de jours dans une boîte hermétique.

Pain aux noisettes et au nutella®

25 minutes de préparation - 3 heures 30 de repos
25 minutes de cuisson
Pour 6 pains

450 g de farine type 65 ou 80 + du supplément pour le plan de travail

1 cuillerée à café de sel

15 g de levure de boulanger fraîche ou 1 sachet de levure de boulanger en sachet.

20 g de sucre

150 ml de lait tiède

100 g de NUTELLA®

150 ml d'eau tiède

75 g de noisettes décortiquées, hachées

Mélanger la farine, le sucre et le sel dans un saladier. Faire un puits, mettre la levure émiettée et le lait. Délayer la levure dans le lait puis incorporer petit à petit à la farine autour. Ajouter également le NUTELLA®. Si on utilise de la levure sèche, la délayer séparément dans un peu de lait tiède et attendre 5 minutes avant de la verser dans le puits de farine.

Ajouter l'eau tiède. Former une pâte qui se détache des bords du saladier. La pétrir pendant 10 minutes sur un plan de travail légèrement fariné, ou 2-3 minutes dans un robot. À la fin du pétrissage, ajouter les noisettes hachées.

Laisser la pâte lever dans un bol, couvert d'un film huilé, pendant 2 à 3 heures.

Diviser la pâte en 6 morceaux, former des boules, les poser sur une plaque huilée. Couvrir et laisser lever encore 30 minutes environ.

Préchauffer le four à 220 °C. Enfourner pour 25 minutes environ. Pour tester la cuisson : tapoter le dessous des pains, ils doivent sonner creux.

CHAPITRE 2

Petites douceurs

Truffes au nutella®

25 minutes de préparation - 2 heures 15 de repos
Pour une quinzaine de truffes

- 250 g de NUTELLA®
- 60 g de chocolat noir
- 15 g de beurre
- 75 g de cacao en poudre

Mettre le NUTELLA® dans une boîte en plastique rectangulaire et la placer 1 heure au réfrigérateur.

Sortir le NUTELLA® réfrigéré. Former des boules à l'aide d'une cuillère parisienne – sinon, avec une cuillère normale, former la boule dans la main mais en manipulant le NUTELLA® au minimum. Les poser sur une feuille de papier sulfurisé et remettre 15 minutes au réfrigérateur.

Mettre le chocolat et le beurre cassés en morceaux dans un bol. Faire chauffer de l'eau dans une casserole. Quand elle bout, l'ôter du feu et poser le bol dessus. Remuer pour lisser le mélange qui fond. Laisser refroidir.

Tremper chaque boule de NUTELLA® dans la sauce au chocolat. Les poser sur du papier sulfurisé et laisser durcir encore 1 heure au réfrigérateur.

Rouler les truffes dans le cacao.

Meringues au nutella®

20 minutes de préparation – 4 heures de cuisson
Pour une quinzaine de doubles meringues

5 blancs d'œufs
100 g de sucre
100 g de sucre glace
100 g de NUTELLA®
quelques gouttes d'essence de café ou de noisette (facultatif)

Préchauffer le four à 90 °C.

Détendre le NUTELLA® en plaçant le pot dans une casserole d'eau chaude.

Fouetter les blancs d'œufs en neige. Quand ils sont fermes, ajouter l'essence de café ou de noisette, si on l'utilise, et les sucres en pluie, puis fouetter jusqu'à obtenir un mélange lisse et brillant. Ajouter 2 cuillerées à soupe de NUTELLA® à la cuillère, très délicatement, sans le mélanger complètement.

À la poche à douille, ou avec une cuillère, former des meringues sur des plaques huilées. Enfourner pour 4 heures au moins : les meringues doivent sécher plutôt que cuire.

Quand elles sont froides, les réunir par deux en les collant avec du NUTELLA®.

Brownies au nutella®

25 minutes de préparation - 30 minutes de cuisson
Pour une douzaine de gâteaux

250 g de sucre

250 g de beurre
à température ambiante
(donc tout mou)

200 g de chocolat noir

3 œufs + 1 jaune

60 g de farine

60 g de cacao en poudre

1 pincée de sel

1/2 cuillerée à café
de levure chimique

150 g de NUTELLA®

Préchauffer le four à 180 °C.

Dans un bol, battre ensemble le sucre et le beurre, aussi fort et longtemps que vous le pouvez : le mélange doit devenir plus blanc et plus léger.

Casser le chocolat en morceaux et le mettre dans un bol. Faire chauffer de l'eau dans une casserole. Lorsqu'elle bout, l'ôter du feu et poser dessus le bol de chocolat : il va fondre doucement. Le lisser avec une cuillère. Sinon, on peut le faire fondre au micro-ondes, doucement.

Battre les œufs et le jaune dans un bol. Mélanger la farine, le sel, le cacao et la levure chimique. Tamiser le tout à travers une passoire sur une grande feuille de papier sulfurisé.

Ajouter petit à petit les œufs au mélange beurre-sucre, en fouettant. Puis, doucement, incorporer le chocolat fondu et le mélange tamisé.

Détendre le NUTELLA® en plaçant le pot dans une casserole d'eau très chaude. Verser la moitié de la pâte dans un moule carré ou rectangulaire de 20-25 cm de côté, bien beurré. Avec une cuillère, faire des traînées de NUTELLA® dans la pâte, puis verser la seconde moitié de pâte. Lisser le dessus.

Tracer des lignes parallèles de NUTELLA® sur la pâte puis, avec un couteau ou une baguette, dessiner des traits perpendiculaires à ceux de NUTELLA® de manière à obtenir un joli motif.

Enfourner pour une trentaine de minutes : le centre doit être encore assez mou et collant (il se raffermit en refroidissant).

Une fois froid, couper le gâteau en carrés.

variante
On modifie cette recette en ajoutant 50 g de noix (ou de noix du Brésil ou de pécan).

Madeleines nappées de nutella®

20 minutes de préparation – 12 à 15 minutes de cuisson
Pour une plaque de 10 grandes madeleines

- 100 g de beurre très mou (+ un peu pour les moules)
- 2 œufs
- 50 g de sucre
- 150 g de farine
- 1 pincée de sel
- 2 cuillerées à soupe de lait
- 75 g de chocolat au lait
- 75 g de NUTELLA®

Préchauffer le four à 190 °C.

Beurrer les moules à madeleine.

Fouetter ensemble les œufs et le sucre jusqu'à ce que le mélange blanchisse puis ajouter la farine et le sel en remuant délicatement. Ajouter le beurre et le lait. Bien mélanger.

Déposer des cuillerées de pâte dans les moules sans les remplir tout à fait. Enfourner pour 12 à 15 minutes en surveillant la cuisson (le temps de cuisson dépend du four).

Faire fondre le chocolat : le casser dans un bol, placer le bol sur une casserole d'eau bouillante, hors du feu. Mélanger avec une cuillère pour lisser puis ajouter le NUTELLA® et un peu d'eau si nécessaire.

À l'aide d'un pinceau, napper légèrement le fond de chaque madeleine démoulée et refroidie du mélange chocolat-NUTELLA®. Poser les madeleines à l'envers sur un plat et les laisser figer au réfrigérateur pour aller plus vite.
Les manger tout de suite ou les conserver dans une boîte hermétique.

nutella
FERRERO
Par portion
(15g)
kcal
81
4%
PATE A TARTINER

Madeleines à la châtaigne et au nutella®

20 minutes de préparation - 15 minutes de cuisson
Pour 4 mini plaques

- 75 g de farine
- 75 g de farine de châtaigne
- 75 g de NUTELLA®
- 1 pincée de sel
- 2 œufs
- 60 g de beurre
- 50 g de sucre

Préchauffer le four à 190 °C.

Faire fondre le beurre et le laisser prendre une légère coloration noisette. Laisser refroidir (mais pas figer !).

Fouetter ensemble les œufs et le sucre, puis ajouter en mélangeant délicatement les farines et le sel. Ajouter le beurre fondu et bien mélanger.

Déposer des demi-cuillerées de pâte dans les empreintes à madeleine. Puis déposer une pointe de NUTELLA® sur chaque fond de pâte. Couvrir avec encore un peu de pâte, mais en laissant une petite marge dans chaque moule car les madeleines gonflent un peu.

Enfourner pour 10-12 minutes, en surveillant la cuisson.

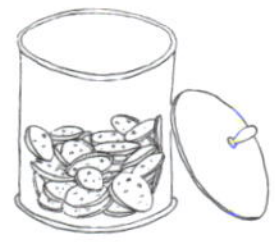

Madeleines au café et au nutella®

15 minutes de préparation - 10 à 12 minutes de cuisson
Pour 30 mini madeleines

- 100 g de beurre très mou (+ un peu pour les moules)
- 2 œufs
- 60 g de sucre
- 150 g de farine
- 1 pincée de sel
- 75 g de NUTELLA®
- 1 café (60 ml environ)

Préchauffer le four à 190 °C.

Beurrer les moules à mini madeleines.

Fouetter ensemble les œufs et le sucre jusqu'à ce que le mélange blanchisse, puis ajouter la farine et le sel en remuant délicatement. Ajouter le beurre, le NUTELLA® et le café. Bien mélanger.

Déposer des cuillerées de pâte dans les moules puis enfourner pour 10 à 12 minutes en surveillant la cuisson (le temps de cuisson dépend des fours).

Madeleines à la cerise et au nutella®

15 minutes de préparation - 10 à 12 minutes de cuisson
Pour 30 mini madeleines

100 g de beurre très mou
(+ un peu pour les moules)
2 œufs
50 g de sucre
150 g de farine
1 pincée de sel
2 cuillerées
à soupe de lait
75 g de NUTELLA®
30 cerises au sirop

Préchauffer le four à 190 °C.

Beurrer les moules à mini madeleine.

Fouetter ensemble les œufs et le sucre jusqu'à ce que le mélange blanchisse puis ajouter la farine et le sel en remuant délicatement. Ajouter le beurre et le lait. Bien mélanger.

Déposer des cuillerées de pâte dans les moules sans les remplir tout à fait. Puis ajouter une pointe de NUTELLA® : on peut utiliser une poche à douille ou même une seringue, sinon une petite cuillère. Enfoncer une cerise par-dessus.

Enfourner les madeleines pour 10 à 12 minutes en surveillant la cuisson (le temps de cuisson dépend du four).

nutella
400g

Madeleines au choco-blanc et au nutella

15 minutes de préparation - 10 à 12 minutes de cuisson
Pour 30 mini madeleines

100 g de beurre très mou (+ un peu pour les moules)
2 œufs
50 g de sucre
150 g de farine
1 pincée de sel
2 cuillerées à soupe de lait
75 g de NUTELLA®
80 g de chocolat blanc coupé en tout petits carrés

Préchauffer le four à 190 °C.

Beurrer les moules à mini madeleine.

Fouetter ensemble les œufs et le sucre jusqu'à ce que le mélange blanchisse puis ajouter la farine et le sel en remuant délicatement. Ajouter le beurre et le lait. Bien mélanger.

Déposer des cuillerées de pâte dans les moules sans les remplir tout à fait. Puis ajouter une pointe de NUTELLA® : on peut utiliser une poche à douille ou même une seringue, sinon une petite cuillère. Enfoncer un mini carré de chocolat blanc par-dessus.

Enfourner pour 10 à 12 minutes en surveillant la cuisson (le temps de cuisson dépend du four).

Bricks à la banane et au nutella®

35 minutes de préparation - 15 minutes de cuisson
Pour 16 bricks

2 bananes
1 citron
100 g de NUTELLA®
8 feuilles de brick
75 g de beurre
1 cuillerée à soupe de cassonade
quelques pincées de piment d'Espelette ou de cannelle (facultatif)

Préchauffer le four à 180 °C.

Faire fondre le beurre dans une petite casserole. Placer le pot de NUTELLA® dans une casserole d'eau très chaude pour le détendre. Couper les bananes en tranches de 5 mm d'épaisseur environ, en biseau. Bien les citronner.

Couper les feuilles de brick en deux. Prendre une moitié, la badigeonner au pinceau de beurre fondu. La plier en deux dans la longueur et la placer devant soi sur le plan de travail. Poser un morceau de banane à une extrémité, dans le coin droit. Ajouter une petite cuillerée de NUTELLA® et une infime pincée d'épices, si l'on veut. Replier la pâte de manière à former un triangle, plier encore pour finir avec un triangle et une languette qui dépasse, replier cette dernière à l'intérieur du triangle (en général il y a un schéma sur le paquet de brick pour mieux comprendre !).

Badigeonner encore de beurre. Continuer avec les autres moitiés de feuilles.

Les déposer sur une plaque huilée ou recouverte de papier sulfurisé puis les saupoudrer de cassonade.

Enfourner les bricks pour 15 minutes environ : elles doivent être dorées.

Cigares aux amandes et au nutella®

40 minutes de préparation - 15 minutes de cuisson
Pour 16 cigares

- 75 g de beurre
- 100 g de NUTELLA®
- 8 feuilles de brick
- 200 g de ricotta
- 100 g d'amandes grillées, hachées
- 1 cuillerée à soupe de cassonade

Préchauffer le four à 180 °C.

Faire fondre le beurre dans une petite casserole. Placer le pot de NUTELLA® dans une casserole d'eau très chaude pour le détendre. Couper les feuilles de brick en deux. Prendre une moitié, la badigeonner au pinceau de beurre fondu. La plier en deux dans la longueur et la placer devant soi sur le plan de travail. Déposer une cuillerée de ricotta à une extrémité et l'étaler un peu dans la largeur. Ajouter une petite cuillerée de NUTELLA® et saupoudrer d'amandes. Rouler sur les trois quarts de la longueur, couper et jeter le quart restant. Badigeonner ce cigare de beurre. Continuer avec les autres moitiés de feuilles.

Déposer les cigares sur une plaque huilée ou recouverte de papier sulfurisé et les saupoudrer de cassonade.

Enfourner les cigares pour 15 minutes environ : ils doivent être dorés.

On peut ajouter une pincée de cannelle sur la ricotta, si l'on aime.

Cookies bicolores au nutella®

40 minutes de préparation - 12 minutes de cuisson
Pour 8 à 10 cookies

85 g de beurre mou
100 g de sucre
2 œufs
la moitié du zeste d'un citron finement râpé
110 ml de lait fermenté
250 g de farine
1 cuillerée à café de levure chimique
1 pincée de sel
250 g de sucre glace
50 g de crème liquide entière
10 g de beurre
50 g de chocolat noir
50 g de NUTELLA®

Préchauffer le four à 180 °C.

Fouetter ensemble le beurre mou et le sucre jusqu'à ce que le mélange devienne mousseux et léger. Ajouter progressivement les œufs, le zeste de citron et le lait fermenté.

Mélanger la farine, la levure et le sel.
Les incorporer au mélange précédent.

Sur une plaque huilée ou couverte d'un papier sulfurisé, déposer des cuillerées de pâte. Enfourner pour 12 minutes environ.
Laisser refroidir.

Mélanger 200 g de sucre glace avec environ 2 cuillerées à soupe d'eau bouillante pour obtenir un mélange moyennement coulant.

Étaler le glaçage au pinceau sur une moitié de chaque gâteau.

Dans une casserole, faire chauffer la crème liquide et 10 g de beurre. Quand le mélange bout, ôter la casserole du feu, ajouter le chocolat coupé en morceaux et le NUTELLA®. Laisser fondre. Remuer puis ajouter 50 g de sucre glace et une petite cuillerée d'eau bouillante.
Étaler ce glaçage chocolaté sur l'autre moitié de chaque gâteau.

Laisser refroidir les gâteaux sur une grille.

Cookies aux noix et au nutella®

20 minutes de préparation - 10 minutes de cuisson
Pour environ 6 gros biscuits

- 75 g de sucre roux
- 110 g de beurre à température ambiante, salé – ou doux, mais alors ajouter 1 pincée de sel
- 2 œufs
- 180 g de farine
- 1/2 cuillerée à café de levure chimique
- 150 g de NUTELLA®
- 50 g de noix

Préchauffer le four à 190 °C.

Mélanger les ingrédients secs – farine, sucre, levure et sel si utilisé – dans un grand bol. Ajouter le beurre et mélanger à la spatule. Incorporer les œufs puis les noix et le NUTELLA®.

Déposer des tas de pâte sur une plaque de cuisson recouverte de papier sulfurisé, bien espacés et les plus réguliers possibles. S'il y en a trop pour la taille de la plaque, faire deux fournées.

Enfourner les cookies pour 7 à 10 minutes : cela dépend beaucoup de l'épaisseur des cookies (qui s'étalent à la cuisson). Cependant, ils doivent sembler pas assez cuits car ils se raffermissent en refroidissant.

Cookies guimauve et nutella®

20 minutes de préparation - 10 minutes de cuisson
Pour environ 6 gros cookies

- 75 g de sucre
- 110 g de beurre à température ambiante, salé – ou doux, mais alors ajouter 1 pincée de sel
- 2 œufs
- 180 g de farine
- 1/2 cuillerée à café de levure chimique
- 150 g de NUTELLA®
- 20 mini guimauves ou 4 grosses coupées en morceaux, plutôt blanches

Préchauffer le four à 190 °C.

Mélanger les ingrédients secs – farine, sucre, levure et sel si utilisé – dans un grand bol. Ajouter le beurre, mélanger à la spatule. Incorporer les œufs puis le NUTELLA® et, délicatement, la guimauve.

Déposer des tas de pâte sur une plaque de cuisson recouverte de papier sulfurisé, bien espacés et les plus réguliers possibles. S'il y en a trop pour la taille de la plaque, faire deux fournées.

Enfourner les cookies pour 7 à 10 minutes : cela dépend beaucoup de l'épaisseur des cookies (qui s'étalent à la cuisson). Cependant, ils doivent sembler pas assez cuits car ils se raffermissent en refroidissant.

Cônes à la crème de nutella®

30 minutes de préparation – 12 à 15 minutes de cuisson - 30 minutes de refroidissement

Pour 8 à 10 cônes

- 300 g de pâte feuilletée pur beurre, de bonne qualité
- 25 g de beurre
- 1 œuf pour dorer
- 75 g de NUTELLA®
- 250 g de mascarpone

Préchauffer le four à 225 °C.

Beurrer des cônes à pâtisserie en métal.

Étaler la pâte finement en un rectangle de 35 cm de côté environ. Couper la pâte en bandelettes de 3 cm de large. Enrouler une bandelette de pâte, en la chevauchant, autour de chaque cône. On peut utiliser 2 bandelettes pour chaque cône si besoin. Dorer avec l'œuf battu.

Déposer les cônes sur une plaque garnie de papier sulfurisé puis les enfourner pour 12 à 15 minutes. Recommencer l'opération en beurrant les cônes à chaque fournée si l'on n'en a pas assez pour faire tous les cônes en même temps.

Laisser les cônes refroidir à température ambiante.

Détendre le NUTELLA® en plaçant le pot dans un bol d'eau chaude (mais il ne faut pas qu'il chauffe, ça pourrait faire tourner le mascarpone) puis le mélanger au mascarpone.

Fourrer les cônes de la préparation et déguster de suite.

Caramel au nutella®

15 minutes de préparation - 10 minutes de cuisson
1 heure de repos
Pour 6 personnes

200 g de NUTELLA®
100 g de beurre salé, mou
150 g de lait concentré (non sucré)
200 g de sucre
70 g de noisettes entières

Mettre le pot de NUTELLA® dans une casserole d'eau chaude pour l'assouplir puis le mélanger avec le beurre.

Mélanger le lait concentré et le sucre dans une petite casserole. Mettre sur feu très doux, remuer pour dissoudre le sucre puis laisser frémir pendant 10 minutes.

Ajouter le mélange beurre et NUTELLA® puis incorporer les noisettes entières. Laisser refroidir au moins 1 heure.

Déguster cette pâte NUTELLA® caramel sur des tartines, en couche très fine.

Shortbread du millionnaire

25 minutes de préparation - 40 minutes de cuisson
2 heures de repos
Pour 6 personnes

200 g de beurre mou
50 g de sucre
170 g de farine
50 g de semoule très fine
1 pincée de sel

pour la garniture :
200 g de lait concentré sucré
80 g de beurre
80 g de sucre
2 cuillerées à soupe de miel (pas trop parfumé) ou de sirop d'agave
150 g de NUTELLA®
50 g de chocolat noir

Préchauffer le four à 170 °C.

Mélanger le beurre et le sucre. Ajouter la farine mélangée à la semoule et au sel.

Tasser ce mélange dans un moule carré ou rectangulaire peu profond (20 cm de côté environ). Enfourner pour 35 minutes environ : le biscuit ne doit pas dorer. Le laisser refroidir.

Mettre le lait concentré, le sucre, le beurre et le miel ou le sirop dans une petite casserole. Laisser fondre le beurre puis laisser frémir en remuant fréquemment pendant 7-8 minutes : le mélange doit épaissir.

Couler cette crème au miel sur les biscuits pour faire une couche de caramel. Laisser durcir (compter 1 heure environ).

Détendre le NUTELLA® en plaçant le pot dans une casserole d'eau chaude. Faire fondre le chocolat en le cassant dans un bol placé dans une casserole d'eau chaude. Mélanger le chocolat fondu et le NUTELLA®.

Étaler le mélange sur le caramel et laisser prendre au moins 1 heure au réfrigérateur.

Découper le gâteau en carrés, dans le moule.

CHAPITRE 3

Les desserts chics

Charlotte au nutella® et au lait ribot

30 minutes de préparation - 5 heures de repos
Pour 4 personnes

- Une trentaine de boudoirs ou de biscuits à la cuiller
- 6 feuilles de gélatine
- 400 ml de crème liquide entière
- 200 ml de lait ribot
- 3 cuillerées à soupe de sucre
- 150 g de NUTELLA®
- 100 ml de café ou de jus de pomme, au choix
- un peu de cacao pour saupoudrer

Mettre les feuilles de gélatine à tremper dans de l'eau froide.

Faire chauffer 100 ml de crème liquide dans une petite casserole. Fouetter le reste en chantilly en y ajoutant le sucre. Égoutter la gélatine ramollie et l'incorporer, en fouettant, à la crème très chaude. Laisser refroidir 10 minutes puis incorporer la chantilly sans cesser de fouetter. Ajouter aussi le lait ribot.

Poser le pot de NUTELLA® dans une casserole d'eau chaude pour le rendre plus malléable.

Chemiser un moule à charlotte humide avec du film alimentaire. Tremper les biscuits dans le jus de pomme ou le café et les disposer au fond et sur les côtés du moule, côté bombé contre la paroi du moule. Faire des zigzags de NUTELLA® sur les biscuits, au fond et sur les côtés. En garder à peu près la moitié.

Verser la moitié de la crème dans le moule, couvrir avec une couche de biscuits imbibés, faire des zigzags de NUTELLA®, verser le reste de crème, finir le NUTELLA® et recouvrir avec une couche de biscuits imbibés. Recouvrir d'une assiette avec un poids posé dessus et laisser prendre au frais pendant au moins 5 heures.

Au moment de servir, démouler la charlotte et la saupoudrer de cacao.

Bûche à la pistache et au nutella®

45 minutes de préparation - 20 minutes de cuisson
30 minutes de repos
Pour 6 personnes

- beurre pour le moule
- 6 œufs + 2 blancs d'œufs
- 150 g de sucre + 1 cuillerée à soupe pour les pistaches
- 50 g de cacao en poudre + 40 g pour décorer à la fin
- 150 g de NUTELLA®
- 100 g de yaourt à la grecque
- 200 ml de crème liquide entière
- 125 g de pistaches crues, non salées

Préchauffer le four à 180 °C. Garnir une plaque de papier sulfurisé et bien la beurrer.

Séparer les blancs des jaunes d'œufs. Fouetter les jaunes d'œufs avec le sucre jusqu'à ce que le mélange blanchisse, épaississe et forme comme des rubans.

Fouetter les 6 blancs d'œufs en neige. Tamiser le cacao et l'incorporer au mélange jaunes-sucre puis incorporer très délicatement les blancs en neige. Verser le mélange sur la plaque préparée et enfourner pour 20 minutes : il faut que le gâteau soit cuit mais encore assez mou. L'enlever sans attendre de la plaque chaude en conservant le papier (pour l'éloigner de la chaleur et qu'il cesse de cuire).

Placer le pot de NUTELLA® dans une casserole d'eau chaude pour l'assouplir. Fouetter les 2 blancs d'œufs en neige. Mélanger le NUTELLA® avec le yaourt puis l'incorporer délicatement aux blancs en neige.

Fouetter la crème liquide en chantilly. Mixer les pistaches (sauf 2 cuillerées à soupe) avec la cuillerée de sucre puis mélanger le tout avec la chantilly. Griller les pistaches restantes dans une poêle, à sec.

Poser un torchon mouillé sur le gâteau, le retourner sur le torchon et enlever le papier. Couper les bords pour obtenir un rectangle bien net – peu importe la taille exacte, il faut égaliser et enlever les bords plus cuits et trop craquants.

Tartiner le gâteau de mousse au NUTELLA® puis de crème chantilly (ne pas tout utiliser si l'on trouve que ça fait trop). Saupoudrer de pistaches torréfiées.

Rouler le gâteau. On peut s'aider du torchon en le soulevant et en le tirant légèrement sous le gâteau pour que ce dernier commence à s'enrouler. Ensuite on continue avec les mains, en tenant le gâteau aux deux extrémités. Ce n'est pas grave s'il se craquèle. Garder au frais 30 minutes au moins en attendant de servir.

Saupoudrer le roulé de cacao à l'aide d'une petite passoire puis le décorer comme à sa guise.

Forêt-noire au nutella®

40 minutes de préparation - 20 minutes de cuisson
Pour 6 personnes

- 150 g de NUTELLA®
- 4 œufs
- 100 ml de crème liquide entière
- 300 g environ de cerises au sirop
- 60 g de sucre
- 30 g de cacao en poudre + 1 cuillerée à soupe pour la décoration
- beurre

Préchauffer le four à 180 °C.

Détendre le NUTELLA® en plaçant le pot dans une casserole d'eau chaude.

Séparer les blancs des jaunes d'œufs. Fouetter 3 jaunes d'œufs (le 4e ne servira pas) avec le sucre. Lorsque le mélange pâlit et fait des « rubans » quand on soulève le fouet, ajouter le cacao tamisé en mélangeant délicatement.

Fouetter les 4 blancs d'œufs en neige. En incorporer à peu près le quart au NUTELLA® et placer cette mousse au réfrigérateur. Incorporer le reste des blancs en neige, très délicatement, au mélange jaunes-sucre-cacao.

Verser la pâte sur une plaque recouverte d'une feuille de papier sulfurisé beurrée et enfourner pour 20 minutes. Laisser refroidir.

Fouetter la crème liquide en chantilly.

Couper le gâteau en 3 rectangles. Poser un premier rectangle sur le plat de service, l'arroser du sirop des cerises, tartiner de mousse au NUTELLA®, répartir la moitié des cerises et recouvrir de chantilly. Déposer un deuxième rectangle et recommencer les couches. Terminer par le troisième rectangle de gâteau et saupoudrer le dessus de cacao.

On peut également décorer la forêt-noire avec des copeaux de chocolat.

Roulé au nutella®

45 minutes de préparation - 20 minutes de cuisson
Pour 6 personnes

beurre pour la plaque
6 œufs
150 g de sucre
50 g de cacao en poudre
300 g de fromage frais à tartiner
150 g de NUTELLA®
1 pincée de cannelle (facultatif)

Préchauffer le four à 180 °C.

Garnir une plaque de papier sulfurisé et bien le beurrer.

Séparer les blancs des jaunes d'œufs. Fouetter les jaunes d'œufs avec le sucre jusqu'à ce que le mélange blanchisse, épaississe et forme comme des rubans.

Fouetter les 6 blancs d'œufs en neige.

Tamiser le cacao et l'incorporer au mélange jaunes-sucre, puis incorporer très délicatement les blancs en neige. Verser le mélange sur la plaque préparée et enfourner pour 20 minutes : il faut que ce soit cuit mais encore assez mou. Déposer immédiatement le gâteau sur le plan de travail avec le papier sulfurisé (pour l'éloigner de la chaleur et qu'il cesse de cuire).

Mélanger le fromage frais avec le NUTELLA® (en garder 1 cuillerée à soupe de côté) et une pincée de cannelle.

Poser un torchon mouillé sur le gâteau, retourner le gâteau sur le torchon et enlever le papier sulfurisé. Couper les bords du gâteau afin d'obtenir un rectangle bien net – peu importe la taille exacte, il faut égaliser et enlever les bords plus cuits et trop craquants.

Tartiner de crème. Rouler le gâteau sur lui même. On peut s'aider du torchon en le soulevant et en le tirant légèrement sous le gâteau pour que ce dernier commence à s'enrouler. Ensuite, continuer avec les mains, en tenant le gâteau aux deux extrémités. Ce n'est pas grave s'il se craquelle. Poser le roulé sur un plat.

Faire un décor au NUTELLA®, par exemple un petit zigzag à la poche à douille.

Roulé à la noix de coco et au nutella®

45 minutes de préparation - 20 minutes de cuisson – 30 à 45 minutes de repos
Pour 6 personnes

beurre
6 œufs
150 g de sucre
50 g de cacao en poudre
3 feuilles de gélatine
200 ml de crème liquide
100 ml de lait de coco
150 g de NUTELLA®
70 g de noix de coco râpée

Préchauffer le four à 180 °C.

Garnir une plaque de papier sulfurisé et bien le beurrer.

Séparer les blancs des jaunes d'œufs. Fouetter les jaunes d'œufs avec le sucre jusqu'à ce que le mélange blanchisse, épaississe et forme comme des rubans.

Fouetter les blancs d'œufs en neige.

Tamiser le cacao et l'incorporer au mélange jaunes-sucre puis incorporer très délicatement les blancs en neige.

Verser ce mélange sur la plaque préparée et enfourner pour 20 minutes : il faut que ce soit cuit mais encore assez mou. Enlever sans attendre le gâteau de la plaque chaude en conservant le papier.

Mettre les feuilles de gélatine à tremper dans de l'eau froide. Faire chauffer 50 ml de crème liquide. Quand elle bout, l'ôter du feu et ajouter la gélatine. Fouetter pour bien la dissoudre. Laisser refroidir 10 minutes.

Fouetter le reste de crème liquide en chantilly puis ajouter le lait de coco et la crème à la gélatine sans cesser de fouetter.

Laisser cette crème commencer à prendre. Compter environ 30-45 minutes : attention, il faut encore pouvoir la manipuler. Griller la noix de coco râpée en la jetant dans une poêle bien chaude, sans matières grasses, quelques instants.

Poser un torchon mouillé sur le gâteau, retourner le gâteau sur le torchon et enlever le papier. Couper les bords pour obtenir un rectangle bien net.

Tartiner le gâteau de NUTELLA® puis de crème coco. Saupoudrer de coco râpée (en garder une cuillerée à soupe pour décorer).

Rouler le gâteau sur lui même. Ce n'est pas grave s'il se craquèle. Décorer avec la coco râpée. Garder au frais en attendant de servir.

Mille-feuille crème de marron au nutella®

30 minutes de préparation - 25 minutes de cuisson
Pour 6-8 personnes

400 g de pâte feuilletée pur beurre prête à l'emploi, de bonne qualité
50 g de sucre en poudre
30 g de sucre glace
250 g de mascarpone
50 g de NUTELLA®
30 g de crème de marrons
250 ml de crème liquide entière

Préchauffer le four à 240 °C.

Étaler la pâte feuilletée en un fin rectangle d'environ 40 x 25 cm (ou à adapter à la taille de sa plaque). Si l'on utilise deux rouleaux de pâte, il faut les rassembler et réétaler la pâte pour former un rectangle. La poser sur une plaque recouverte de papier sulfurisé. La saupoudrer uniformément de sucre en poudre à l'aide d'une petite passoire.

Enfourner la pâte en baissant immédiatement la température du four à 190 °C. Au bout de 7 minutes de cuisson, poser dessus une grille pour empêcher la pâte de gonfler. Laisser cuire encore 10 minutes jusqu'à ce qu'elle dore.

Sortir la pâte du four et enlever la grille. Poser sur la pâte une seconde feuille de papier sulfurisé, puis une seconde plaque. Retourner l'ensemble. Enlever la première plaque et la première feuille de papier sulfurisé.

Saupoudrer la pâte de sucre glace. Monter la température du four à 250 °C et enfourner de nouveau : cette fois, le sucre va caraméliser en formant une surface lisse et craquante. Compter à peine 5 minutes en surveillant de près. Ce n'est pas grave si ce n'est pas parfaitement uniforme.

Dans un bol, assouplir le mascarpone à l'aide d'une cuillère en bois. Ajouter le NUTELLA® et la crème de marrons.

Fouetter la crème liquide très froide en chantilly pas trop ferme puis y incorporer progressivement le mélange au mascarpone.

Couper la pâte feuilletée en carrés ou en rectangles de même taille – on peut faire un grand gâteau ou plusieurs individuels – puis monter le ou les gâteaux en alternant couche de pâte feuilletée (3 ou 4) et couche de crème.

Servir aussitôt ou réserver au réfrigérateur.

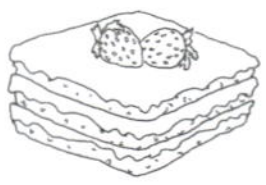

Vacherins chic au nutella®

30 minutes de préparation - 2 heures de cuisson
Pour 4 personnes

- 3 blancs d'œufs
- 30 g de sucre
- 30 g de sucre glace
- huile
- 200 ml de crème liquide entière
- 50 g de NUTELLA®
- 300 ml de glace au fromage blanc ou à la vanille

Préchauffer le four à 90 °C.

Fouetter les blancs d'œufs en neige. Quand ils sont fermes, ajouter les sucres en pluie puis continuer de fouetter jusqu'à obtenir un mélange lisse et brillant.

À la poche à douille, ou avec une cuillère, former des meringues sur des plaques garnies de papier sulfurisé huilé. Pour plus de facilité, dessiner au crayon sur le papier sulfurisé des cercles de 10 à 12 cm de diamètre.

Enfourner à 120 °C pour 2 heures : les meringues vont dorer et rester relativement moelleuses à l'intérieur. Laisser refroidir.

Fouetter la crème liquide en chantilly.

Monter les vacherins : dans l'ordre, disposer la meringue, faire quelques traits de NUTELLA® à la poche à douille (coupée au bout), recouvrir de chantilly, de traits de NUTELLA® encore, d'une boule de glace puis terminer par des traits de NUTELLA®.

Servir tout de suite.

astuce
On peut aussi incorporer du NUTELLA® directement dans la meringue en même temps que le sucre.

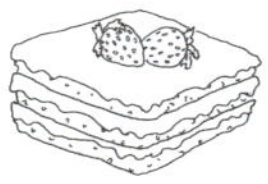

Gâteau aux biscuits Thé et au nutella®

40 minutes de préparation - 5 heures de repos
Pour 8 personnes

- 6 feuilles de gélatine
- 200 ml de crème liquide entière
- 400 g de fromage blanc
- 200 g de NUTELLA®
- 100 ml de café
- 100 ml de lait
- 2 paquets de gâteaux secs (type biscuits Thé)

Mettre les feuilles de gélatine à tremper dans de l'eau froide.

Verser 100 ml de crème liquide dans une petite casserole et faire bouillir. Fouetter le reste en chantilly.

Égoutter la gélatine ramollie et l'incorporer, en fouettant, à la crème très chaude. Laisser refroidir 10 minutes puis mélanger avec le fromage blanc et la crème fouettée.

Poser le pot de NUTELLA® dans une casserole d'eau chaude pour le rendre plus malléable. En garder une grosse cuillerée à soupe pour décorer et mélanger le reste avec la crème.

Chemiser un moule carré (18 à 20 cm de côté) humide avec du film alimentaire.

Mélanger le café et le lait. Tremper les biscuits très brièvement dans ce mélange et les disposer au fond et sur les côtés du moule. Verser la moitié de la crème, faire une couche de biscuits imbibés puis verser le reste de la crème. Fermer avec une couche de biscuits imbibés. Couvrir et laisser prendre au frais pendant au moins 5 heures.

Démouler le gâteau. Mettre le NUTELLA® restant dans une poche à douille coupée au bout et décorer le gâteau.

Baba à la chantilly au nutella®

45 minutes de préparation - 30 minutes de cuisson
2 heures 30 de repos
Pour 8 personnes

1 sachet de levure de boulanger sèche ou 15 g de levure fraîche

250 g de farine

2 œufs

1 pincée de sel

1 cuillerée à soupe de sucre + 200 g de sucre

75 g de beurre mou (+ un peu pour le moule)

75 ml de lait tiède

80 ml de rhum ou de jus d'orange

300 ml de crème liquide entière

100 g de NUTELLA®

Délayer la levure dans 30 ml d'eau tiède. Attendre 5 minutes. Ajouter 50 g de farine, bien mélanger, couvrir et laisser reposer 30 minutes.

Ajouter alors progressivement les œufs battus, la farine restante mélangée au sel et à la cuillerée à soupe de sucre, puis le beurre. Pétrir dans le bol pendant 3 minutes. Couvrir et laisser lever 1 h à 1 heure 30 : la pâte doit doubler de volume.

Beurrer un moule à savarin (rond avec un trou au milieu) de taille moyenne, la pâte ne doit remplir le moule qu'à moitié. Le garnir de pâte et laisser lever encore 30 minutes environ à température ambiante, couvert d'un film alimentaire huilé.

Préchauffer le four à 190 °C puis enfourner le baba pour 30 minutes environ.

Chauffer les 200 g de sucre avec 400 ml d'eau jusqu'à dissolution du sucre puis porter à ébullition. Ajouter le rhum ou le jus d'orange à ce sirop.

Démouler le gâteau et l'arroser du sirop parfumé.

Fouetter la crème liquide en chantilly puis lui incorporer le NUTELLA® assoupli (placer le pot dans une casserole d'eau chaude) à la cuillère.

Au moment de servir, garnir le centre du baba refroidi de chantilly au NUTELLA®

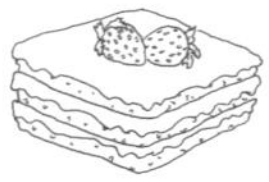

Cheese-cake

25 minutes de préparation – 1 heure de cuisson
5 heures de repos minimum
Pour 6 personnes

200 g de biscuits sablés
80 g de beurre
750 g de fromage frais à tartiner
75 g de crème fraîche épaisse
75 g de NUTELLA®
3 œufs + 2 jaunes d'œufs
2 cuillerées à soupe de sucre
les graines de 1/2 gousse de vanille

Préchauffer le four à 180 °C.

Émietter les biscuits (on peut, pour cela, les enfermer dans un sachet en plastique bien propre et les écraser avec un rouleau à pâtisserie).

Faire fondre le beurre et le mélanger aux miettes de biscuits. Tasser cette préparation dans le fond d'un moule rond ou carré (environ 20-23 cm de côté, le cheese-cake sera plus ou moins épais selon la taille du moule, mais, dans tous les cas, ce sera bien). Enfourner pour 10 minutes.

Battre à la spatule, dans un grand bol, le fromage frais. Ajouter le sucre, puis les œufs et les jaunes un par un en fouettant bien à chaque fois. Ajouter la crème fraîche et les graines de vanille, mélanger. Verser cette préparation sur le fond de biscuits.

Détendre le NUTELLA® en plaçant le pot dans un bol d'eau chaude. Avec une cuillère, tracer des cercles concentriques de NUTELLA® sur le dessus du cheese-cake. Puis, avec une baguette, tracer des rayons de NUTELLA® coupant ces cercles pour obtenir un motif « toile d'araignée ».

On peut faire un gâteau un peu plus riche en NUTELLA® : verser la moitié de crème sur les biscuits, faire une couche de NUTELLA® (en le faisant couler d'une cuillère, il se mélangera un peu dans la crème), recouvrir avec le reste de crème puis faire le motif.

Enfourner et baisser aussitôt le four à 140 °C. Laisser cuire 45 minutes à 1 heure (selon l'épaisseur du gâteau : le centre doit être pris mais encore tremblotant). Laisser le cheese-cake refroidir dans le four avec la porte entrebâillée jusqu'à ce que le four soit froid puis placer au réfrigérateur au moins 4 heures.

astuce
Se rappeler qu'un cheese-cake est toujours meilleur le lendemain ou le surlendemain.

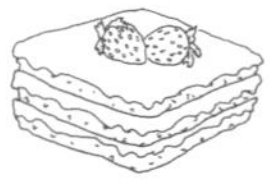

Tiramisu

25 minutes de préparation - 3 heures de repos
Pour 6 personnes

- 2 pots de mascarpone (500 g)
- 5 œufs
- 15 boudoirs ou pavesini (biscuits italiens à tiramisu)
- 1 cuillerée à soupe de sucre
- 2 petits cafés très forts
- 1 cuillerée à soupe de Kahlua, marsala ou amaretto, ou une liqueur à la noisette
- 60 g de NUTELLA®
- du cacao en poudre pour saupoudrer

Travailler le mascarpone à la spatule, dans un bol, pour le délier. En mettre un tiers dans un autre bol et lui incorporer le NUTELLA® (s'il fait froid, il faudra peut-être poser le pot de NUTELLA® dans un bol d'eau chaude pour le rendre plus souple et facile à travailler).

Séparer les blancs des jaunes d'œufs. Fouetter 3 jaunes d'œufs avec le sucre (on n'utilise pas les 2 autres jaunes). Ajouter le mascarpone « blanc ».

Fouetter les 5 blancs d'œufs en neige. Incorporer très délicatement les deux tiers des blancs au mascarpone « blanc », l'autre tiers au mascarpone au NUTELLA®.

Au fond d'un plat (ou de plusieurs individuels), ranger des biscuits trempés dans le mélange café-alcool. Poser une couche de crème blanche, une couche de crème au NUTELLA®, puis à nouveau une couche crème blanche et une couche de crème au NUTELLA®. Laisser reposer au moins 3 heures au réfrigérateur.

Saupoudrer le ou les tiramisu de cacao juste avant de servir.

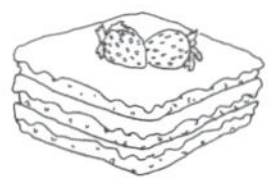

Mousse au nutella®

20 minutes de préparation - 3 heures de repos
Pour 4 personnes

4 blancs d'œufs
100 g de NUTELLA®
250 ml de crème liquide
100 g de chocolat noir
1 pincée de sel

Casser le chocolat dans un bol. Faire chauffer de l'eau dans une casserole. Quand elle bout, la retirer du feu et poser le bol dessus : le chocolat va fondre doucement. Le lisser à la spatule en lui ajoutant une cuillerée à soupe d'eau chaude.
Une fois le chocolat fondu, ajouter le NUTELLA®.
Fouetter la crème liquide en chantilly.

Fouetter les blancs d'œufs en neige avec une pincée de sel. Incorporer la chantilly au chocolat, puis les blancs en neige.

Répartir la mousse dans des petits verres et placer au réfrigérateur pour 3 heures au moins.

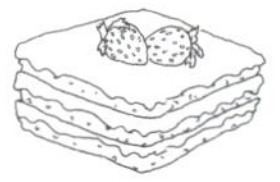

Mousse au nutella®
& langue-de-chat

25 minutes de préparation - 1 heure de repos
Pour 4 personnes

12 langues-de-chat

100 g de NUTELLA®

3 blancs d'œufs

150 ml de crème liquide entière

100 g de cerises fraîches, dénoyautées, ou de griottes au sirop, égouttées et dénoyautées

60 ml de sirop des cerises ou bien 1 cuillerée à soupe de sirop de cerise, framboise, grenadine…

Détendre le NUTELLA® en plaçant le pot dans une casserole d'eau chaude.

Fouetter les blancs d'œufs en neige. Y incorporer délicatement le NUTELLA®.

Fouetter la crème liquide en chantilly.

Dans des verres, faire des couches : déposer dans le fond quelques langues-de-chat cassées, arrosées de sirop, puis couvrir avec une couche de cerises, de la mousse au NUTELLA®, de la chantilly, etc. On peut finir par une langue-de-chat émiettée sur le dessus. Laisser reposer au moins 1 heure au réfrigérateur.

Remarque

Si l'on réalise la chantilly avec un siphon, on peut alors utiliser un mélange de crème et de fromage blanc (moitié moitié) afin d'alléger l'ensemble.

Verrines noix de coco et nutella

20 minutes de préparation - 2 heures de repos si possible
1 minute de cuisson
Pour 4 personnes

60 g de noix de coco râpée
2 yaourts grecs
100 g de NUTELLA®
4 cuillerées à soupe de crème fraîche épaisse
125 ml de crème de coco

Faire chauffer une poêle à sec (sans matières grasses). Quand elle est bien chaude, y jeter la moitié de la coco râpée pour la griller. Attention, ça brûle vite : remuer avec une cuillère en bois puis la verser dans un bol dès qu'elle brunit !

Mélanger un yaourt grec avec les trois quarts du NUTELLA®.

Mélanger la crème fraîche avec la crème de coco et le second yaourt.

Mettre le NUTTELA® restant dans une poche à douille et couper le bout de la poche (que l'ouverture soit de 3-4 mm de large).

Faire des couches : yaourt NUTELLA®, crème de coco, coco râpée non grillée, NUTELLA® à la poche à douille et finir avec la coco grillée.

Poires Belle-Hélène au nutella®

30 minutes de préparation - 15 minutes de cuisson
Pour 4 personnes

- 4 poires
- 200 g de sucre
- 1 gousse de vanille
- le zeste de 1 citron prélevé à l'économe
- le jus du citron
- 75 g de NUTELLA®
- 50 g de chocolat noir
- 25 g de beurre
- 4 boules de glace vanille (facultatif)
- 2 cuillerées à soupe d'amandes effilées

Éplucher les poires. Si l'on veut les garder entières, enlever le trognon avec un vide-pomme (ou un petit couteau si l'on est habile). On peut aussi les couper en deux.
Les citronner un peu pour éviter qu'elles noircissent.

Faire chauffer 400 ml d'eau, y ajouter le sucre, les graines de vanille raclées et le zeste du citron. Laisser chauffer jusqu'à dissolution du sucre.

Plonger les poires dans le liquide frémissant : elles doivent être immergées dans l'eau. Rajouter de l'eau si besoin, sinon, les retourner à mi-cuisson. Laisser cuire 5 à 10 minutes, cela dépend de leur degré de maturité : il faut qu'elles soient tendres à la pointe d'un couteau.

Enlever les poires et monter le feu sous le liquide pour le faire réduire jusqu'à obtenir un jus assez sirupeux.

Casser le chocolat dans un bol, y ajouter le beurre coupé en dés. Placer le bol au-dessus d'une casserole d'eau bouillante, hors du feu. Remuer pour lisser. Ajouter le NUTELLA®.

Servir les poires avec le sirop, la sauce NUTELLA®, parsemer dessus quelques amandes effilées et accompagner d'une boule de glace vanille.

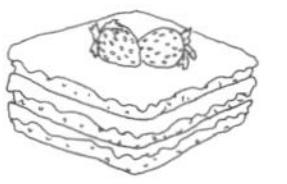

Trifle

30 minutes de préparation - 15 minutes de cuisson
4 heures de repos
Pour 4 personnes

150 g de génoise
ou un autre gâteau pouvant s'imbiber (pandoro italien, reste de cake nature, madeleines...)

5 jaunes d'œufs

1 cuillerée à café
de Maïzena (facultatif)

500 ml de lait

1/2 gousse de vanille

100 g de NUTELLA®

250 ml de crème liquide entière

2 poires au sirop, avec le sirop

1 banane

4 cuillerées à soupe d'amandes effilées

Préparer une crème anglaise : faire chauffer le lait avec les graines de vanille raclées. Fouetter les jaunes d'œufs dans un bol avec la Maïzena (si on l'utilise).

Juste avant l'ébullition, verser le lait sur les œufs et fouetter. Remettre dans la casserole et cuire sur feu doux jusqu'à épaississement, sans laisser bouillir, pendant environ 5 minutes. La Maïzena évite au mélange de tourner : on peut s'en passer, mais il faut faire plus attention, cuire plus doucement et donc peut-être plus longtemps.

Ajouter le NUTELLA® dans la crème encore chaude et laisser refroidir complètement.

Fouetter la crème liquide en chantilly. En mélanger la moitié à la crème au NUTELLA®.

Monter les trifles dans des verres individuels : déposer une couche de morceaux de génoise imbibés de sirop de poire, une couche de poire et de banane coupées en morceaux, une couche de crème au NUTELLA®, une couche de chantilly. Laisser au frais au moins 4 heures (ou toute la nuit).

Parsemer d'amandes avant de servir.

astuce
Pour griller les amandes, les faire dorer quelques minutes dans une poêle bien chaude, à sec.

CHAPITRE 4

Les simples bonnes choses

Sablé breton au nutella®

30 minutes de préparation - 25-30 minutes de cuisson
Pour 8 personnes

- 60 g de NUTELLA®
- 300 g de beurre demi-sel mou
- 150 g de sucre
- 11 jaunes d'œufs
- 450 g de farine
- 1 cuillerée à café de levure chimique

Préchauffer le four à 220 °C.

Mélanger la farine et la levure. Les tamiser.

Détendre le NUTELLA® en le plaçant dans une casserole d'eau bouillante.

Fouetter ensemble le beurre et le sucre. Petit à petit, ajouter 10 jaunes d'œufs battus puis le mélange farine-levure tamisé. On obtient une pâte épaisse. La partager en deux boules.

Étaler chaque boule en rond (on peut s'aider d'une assiette pour découper un rond bien net si on veut). Tartiner un rond de nutella, couvrir avec l'autre rond. Dorer le dessus au jaune d'oeuf, à l'aide d'un pinceau. On peut décorer le gâteau en faisant un motif à la fourchette

Enfourner en baissant le four à 180 °C pour 25-30 minutes.

Cake marbré au nutella®

25 minutes de préparation - 20 minutes de cuisson
Pour 6 personnes

- 150 g de beurre mou + pour le moule si on utilise un moule en métal
- 100 g de sucre
- 180 g de farine
- 1 cuillerée à café de levure chimique
- 3 œufs
- 30 g de poudre d'amandes
- 75 g de NUTELLA®

Préchauffer le four à 180 °C.

Fouetter ensemble le beurre et le sucre jusqu'à ce que le mélange s'allège et devienne presque mousseux.

Ajouter les œufs préalablement battus petit à petit. Incorporer la farine mélangée à la levure et à la poudre d'amandes.

Mélanger un tiers de la préparation avec le NUTELLA®.

Dans les moules, poser en damier 2 cuillerées de pâte blanche et 2 cuillerées plus petites de pâte au NUTELLA®. Passer dessus la cuillère une fois, comme si l'on voulait commencer à mélanger les pâtes, mais sans le faire complètement.

Enfourner pour 20 minutes.

remarque
On peut aussi faire cette recette dans un moule à cake classique. Dans ce cas, la cuisson est un peu plus longue.

Cake aux pistaches et au nutella®

20 minutes de préparation - 30 minutes de cuisson
Pour 6 personnes

un peu de beurre pour le moule
1 yaourt grec
2 pots de yaourt de farine
1/2 pot de yaourt de sucre
1 cuillerée à café de levure chimique
3 œufs
½ pot de yaourt d'huile
quelques gouttes d'eau de fleur d'oranger (facultatif)
80 g de pistaches
75 g de NUTELLA®

Beurrer un moule à cake. Préchauffer le four à 190 °C.

Mélanger le yaourt, la farine, le sucre, la levure et faire un puits. Ajouter les œufs, l'huile et l'eau de fleur d'oranger. Bien mélanger. Hacher les pistaches et les ajouter à la préparation. Ajouter le NUTELLA® sans le mélanger complètement.

Verser la préparation dans le moule et enfourner pour 30 minutes environ.

Cake au nutella et au thé matcha

20 minutes de préparation - 30 minutes de cuisson
Pour 6 personnes

- 100 g de NUTELLA®
- 4 œufs sortis du réfrigérateur 1 heure avant
- 250 g de beurre mou
- 100 g de sucre
- 1 cuillerée à café de levure chimique
- 250 g de farine
- 1 cuillerée à soupe de thé matcha

Beurrer un moule à cake moyen. Préchauffer le four à 180 °C.

Fouetter ensemble le beurre et le sucre jusqu'à ce que le mélange blanchisse et devienne très léger et presque mousseux (plus facile au robot ou au fouet électrique !). Puis ajouter très progressivement les œufs préalablement battus en fouettant doucement.

Mélanger la farine, le thé matcha et la levure puis les tamiser au-dessus du mélange beurre-sucre-œufs. Incorporer le tout sans fouetter.

Verser la moitié de la pâte dans le moule. Déposer des cuillerées de NUTELLA® sur toute la surface. Remuer doucement avec un couteau pour faire des marbrures et recouvrir avec le reste de pâte.

Enfourner le cake pour 25-30 minutes environ.

Cake aux abricots et au nutella®

30 minutes de préparation - 1 heure 15 de cuisson
Pour 10 personnes

- 250 g de beurre mou (+ un peu pour le moule)
- 200 g de sucre roux (cassonade ou muscovado)
- 4 œufs, si possible sortis du réfrigérateur au moins 1 heure avant
- 1 expresso (environ 50 ml)
- 250 g de farine
- 2 cuillerées à café de levure chimique
- 100 g de noisettes entières
- 100 g d'abricots secs, hachés
- 100 g de chocolat noir, haché assez finement
- 150 g de NUTELLA®

Préchauffer le four à 180 °C.

Beurrer et chemiser d'un papier sulfurisé un moule rond de 20 à 23 cm de diamètre (s'il est à fond amovible, c'est encore mieux).

Fouetter ensemble le beurre mou et le sucre jusqu'à ce que le mélange blanchisse et devienne mousseux et plus léger. Puis ajouter très progressivement les œufs en fouettant bien et en raclant le fond du bol entre chaque ajout. Verser le café.

Ajouter ensuite la farine préalablement tamisée avec la levure. Mélanger délicatement.

Ajouter les noisettes, les abricots, le chocolat et le NUTELLA®. Mélanger juste assez pour répartir le tout dans la pâte.

Verser la pâte dans le moule et enfourner pour 1 heure à 1 heure 15 : un couteau planté au centre doit en ressortir propre. Si le dessus brunit trop vite, couvrir le gâteau d'un papier sulfurisé.

Gâteau tout simple poire et nutella®

25 minutes de préparation - 1 heure de cuisson
Pour 6 personnes

130 g de beurre
3 œufs
90 g de sucre (ou réduire d'une cuillerée à soupe et ajouter un sachet de sucre vanillé)
1 pincée de sel
125 g de farine
4 poires
100 g de NUTELLA®

Préchauffer le four à 180 °C. Beurrer un moule peu profond (ou un moule à tarte).

Faire fondre le beurre à feu doux dans une casserole ou au micro-ondes. Fouetter ensemble les œufs, le sucre et le sel. Ajouter le beurre fondu et la farine.

Éplucher les fruits, enlever le trognon. Les couper en quartiers.

Verser un peu de pâte au fond du moule, poser les fruits dessus, verser le NUTELLA® en zigzag puis recouvrir avec le reste de pâte. Enfourner pour 45 minutes à 1 heure : le dessus du cake doit être doré.

Tarte à la poire et au nutella®

30 minutes de préparation - 45 minutes de cuisson
1 heure de repos
Pour 6 personnes

- 250 g de farine
- 125 g de beurre + un peu pour le moule
- 1 cuillerée à café de sel
- 4 poires
- 1 citron
- 100 g de sucre
- 1/2 gousse de vanille
- 100 ml de crème fraîche ou de yaourt grec
- 1 œuf
- 100 g de NUTELLA®

Préparer une pâte brisée : mélanger la farine et le sel puis ajouter le beurre coupé en morceaux. Frotter le beurre du bout des doigts dans le mélange pour obtenir comme des miettes. Ajouter environ 4-5 cuillerées à soupe d'eau bien froide et l'incorporer avec un couteau à bout rond, pour amalgamer le tout. Ajouter de l'eau si cela semble nécessaire. Finir de rassembler la pâte avec les mains, sans trop la travailler. L'emballer dans un film alimentaire et la placer au réfrigérateur.

Mélanger 75 g de sucre avec environ 500 ml d'eau dans une casserole. Faire chauffer jusqu'à dissolution du sucre.

Peler les poires, les couper en deux et enlever le trognon. Les citronner et les mettre dans le « sirop » frémissant. Laisser cuire 5 à 15 minutes : les poires doivent être tendres quand on les pique avec un couteau, le temps de cuisson dépend beaucoup de leur degré de maturité.

Couper les poires en tranches fines.

Fouetter ensemble la crème (ou le yaourt) et l'œuf, ajouter les graines de la moitié de la gousse de vanille.

Préchauffer le four à 180 °C.

Étaler la pâte et foncer un moule à tarte beurré. Placer le moule au congélateur (à défaut, au réfrigérateur) pour 30 minutes.

Étaler le NUTELLA® sur la pâte puis ranger les poires.
Verser le mélange crème-œufs dessus.
Saupoudrer du sucre restant et enfourner pour 30 minutes environ.

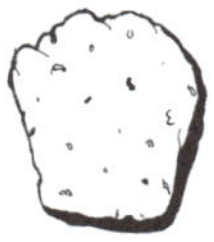

Génoise toute simple au nutella®

20 minutes de préparation - 30 à 35 minutes de cuisson
Pour 8 personnes

- 180 g de beurre très mou (+ un peu pour le moule)
- 180 g de farine
- 2 cuillerées à café de levure chimique
- 150 g de sucre
- 3 œufs
- quelques gouttes d'extrait de vanille ou les graines d'un quart de gousse
- 75 g de NUTELLA®

Préchauffer le four à 170 °C.

Beurrer un moule rectangulaire d'environ 30 x 18 cm (ou un moule rond d'environ 20 cm de diamètre). Le plus sûr est de garnir le fond d'un morceau de papier sulfurisé découpé aux dimensions du moule.

Tamiser ensemble la farine et la levure au-dessus d'un grand bol. Ajouter les autres ingrédients, sauf le NUTELLA®, et fouetter (si possible au fouet électrique ou au robot) jusqu'à obtenir une pâte homogène.

Verser la moitié de la pâte dans le moule. Répartir le NUTELLA® dessus – c'est plus pratique avec une poche à douille mais très faisable à la cuillère, car ce n'est pas grave si ce n'est pas uniforme. Recouvrir avec le reste de pâte.

Enfourner pour 30 à 35 minutes environ, puis laisser refroidir et démouler.

Ce gâteau peut servir de base pour un gâteau d'anniversaire en faisant ensuite un glaçage et toutes les décorations de son choix.

nutella
400g

Crème maison au nutella®

10 minutes de préparation - 10 minutes de cuisson
Pour 4 personnes

- 4 jaunes d'œufs
- 1 cuillerée à soupe de Maïzena
- 600 ml de lait
- 100 g de NUTELLA®
- 1/2 gousse de vanille
- des gressins (pour servir)

Faire chauffer le lait avec les graines de la gousse de vanille.

Fouetter les jaunes d'œufs avec la Maïzena. Verser le lait quasi bouillant dessus, bien fouetter puis remettre dans la casserole et remuer jusqu'à épaississement, à feu assez doux, pendant 3-4 minutes.

Incorporer le NUTELLA® dans la crème chaude et laisser tiédir ou refroidir avant de déguster en y trempant des gressins.

Mousse légère au nutella®

20 minutes de préparation - 3 heures de repos
Pour 4 personnes

- 200 g de NUTELLA®
- 2 blancs d'œufs
- 1 pincée de sel
- 250 g de fromage blanc ou de yaourt à la grecque
- sucre décoratif

Détendre le NUTELLA® en plaçant le pot dans une casserole d'eau chaude.

Fouetter les blancs d'œufs en neige avec une pincée de sel.

Mélanger le fromage blanc ou le yaourt avec le NUTELLA® puis les incorporer aux blancs en neige.

Répartir la mousse dans des petits verres ou des ramequins et placer au réfrigérateur pour 3 heures au moins.

Juste avant de servir, parsemer de sucres décoratifs (ici en forme d'étoiles).

Tarte craquante

30 minutes de préparation - 1 heure 10 de cuisson
1-2 heures de repos
Pour 6 personnes

- 250 g de pâte sablée prête à l'emploi
- 80 g de chocolat noir
- 120 g de NUTELLA®
- 1 litre de lait
- 1 cuillerée à soupe de Maïzena
- 6 jaunes d'œufs
- 1 cuillerée à soupe de sucre glace

Préchauffer le four à 190 °C.

Étaler le fond de pâte sablée et foncer un moule à tarte. Poser un papier sulfurisé dessus, remplir de haricots secs et cuire 25 minutes au four. Retirer le papier sulfurisé et les haricots et cuire encore 5 minutes.

Casser le chocolat dans un bol. Faire chauffer de l'eau dans une casserole. Quand elle bout, la retirer du feu et poser le bol dessus. Le chocolat va fondre doucement. Le lisser à la spatule en lui ajoutant 1 cuillerée à soupe d'eau chaude.

Étaler ce chocolat fondu sur le fond de pâte cuit.

Préchauffer le four à 160 °C.

Fouetter ensemble les jaunes d'œufs, la Maïzena et un peu de lait froid. Faire chauffer le restant de lait dans une casserole. Juste avant l'ébullition, le verser sur le mélange aux œufs et fouetter. Remettre le tout dans la casserole et cuire doucement jusqu'à épaississement de la sauce (compter 3-4 minutes). Ajouter le NUTELLA® dans cette crème encore chaude puis laisser refroidir complètement.

Garnir la tarte de cette crème en lissant bien puis enfourner pour 40 minutes.

Laisser refroidir la tarte complètement (1 ou 2 heures minimum) puis saupoudrer de sucre glace.

Verrines Palmito banane

10 minutes de préparation
Pour 4 personnes

2 bananes
50 g de NUTELLA®
400 g de fromage blanc
12 mini palmiers
3 gousses de cardamome
1 citron
1 orange

Défaire les gousses de cardamome et mixer les graines le plus finement possible au robot. À défaut, les écraser dans un mortier ou sur une planche avec le fond d'un bocal. Idéalement, il faut obtenir une poudre.

Garder 1 cuillerée à soupe de NUTELLA® de côté. Mélanger le reste vigoureusement avec le fromage blanc. Ajouter la cardamome.

Écraser 8 mini palmiers en miettes pas trop petites.

Éplucher les bananes, les couper en tranches et les arroser d'un peu de jus de citron et d'orange (ne pas utiliser tout le jus des fruits).

Dans des verres, réaliser des couches : banane, fromage blanc-NUTELLA®-cardamome, NUTELLA® seul, palmiers écrasés, etc. en finissant par un mini palmier entier pour décorer.

Café liégeois au nutella®

20 minutes de préparation
Pour 2 personnes

150 ml de crème liquide entière

75 g de NUTELLA®

2 petits cafés refroidis et mis au réfrigérateur

2 à 4 boules de glace au choix : chocolat ou café

Fouetter la crème liquide en chantilly avec si l'on veut, 2 cuillerées à café de NUTELLA®. Mélanger la moitié du NUTELLA® avec le café.

Monter les coupes : mettre une ou deux boules de glace dans des coupes ou des verres hauts, verser du café au NUTELLA®, ajouter du NUTELLA® à la cuillère ou à l'aide d'une poche à douille coupée au bout et finir avec de la chantilly (nature ou au NUTELLA®).

variantes
On peut faire au chocolat : on remplace le café par du chocolat chaud refroidi, la glace café par du chocolat.

On peut aussi faire une coupe moins rapide à faire mais plus riche en chocolat : faire chauffer 50 ml de la crème liquide et, juste avant l'ébullition, l'ôter du feu et ajouter 40 g de chocolat et le NUTELLA® pour faire une sauce chocolat NUTELLA®. On fouette le reste de crème en chantilly.

Sundae coco au nutella®

30 minutes de préparation- - 10 minutes de cuisson
Pour 4 personnes

- a500 ml de glace coco (ou un autre parfum si l'on préfère qui va bien avec le NUTELLA®)
- 50 g de noix de coco râpée grillée
- 75 g de lait concentré non sucré
- 40 g de beurre
- 50 g de sucre
- 150 g de NUTELLA®

Mettre 100 g de NUTELLA® dans une casserole avec le lait concentré, le sucre et le beurre. Laisser fondre à feu doux en remuant puis laisser frémir pendant 10 minutes. Laisser refroidir et ajouter la coco râpée.

Sortir la glace du congélateur et la placer dans le réfrigérateur afin qu'elle soit malléable, pendant environ 30 minutes.

Transvaser la glace dans une poche à douille et la remettre au congélateur quelques instants si elle a trop ramolli.

Pour servir, mettre une cuillerée de caramel au NUTELLA® au fond des coupes. Dresser dessus un peu de glace à la poche pour faire comme une glace à l'italienne, puis réaliser une petite déco avec les 50 g de NUTELLA® restants mis dans une poche à douille coupée au bout.

Bananes sautées sauce au nutella®

15 minutes de préparation - 10 minutes de cuisson
Pour 4 personnes

4 bananes
1 citron
60 g de beurre
une pincée de cannelle ou de cardamome en poudre
1 cuillerée à soupe de cassonade
25 g de chocolat noir
75 g de NUTELLA®

Peler les bananes, les citronner. Les couper en deux dans la longueur.

Faire fondre la moitié du beurre dans une poêle et dorer les bananes des deux côtés, sur feu moyen à fort. Quand elles commencent à dorer, ajouter les épices et la cassonade, laisser caraméliser 1 minute.

Mettre le reste du beurre, le chocolat cassé en morceaux et le NUTELLA® dans un bol, poser le bol sur une casserole d'eau très chaude et mélanger jusqu'à ce que le tout soit bien fondu.

Déposer 1 banane caramélisée par assiette et faire des zigzags de sauce choco NUTELLA® dessus. Servir vite (avec ce la crème ou de la glace si on veut).

Coulants au nutella®

30 minutes de préparation - 8 à 10 minutes de cuisson
Pour 8 personnes

40 g de beurre
(+ un peu pour les moules)
2 œufs
2 jaunes d'œufs
60 g de sucre
2 cuillerées à café de farine
75 g de chocolat noir
125 g de NUTELLA®

Préchauffer le four à 200 °C. Beurrer 8 cercles de 4-5 cm de diamètre et les chemiser d'un papier sulfurisé qui dépasse largement.

Fouetter ensemble les œufs, les jaunes d'œufs et le sucre jusqu'à ce que le mélange blanchisse et épaississe. Ajouter la farine, fouetter encore.

Placer le chocolat et le beurre coupés en morceaux dans un bol, placer le bol sur une casserole d'eau bouillante, hors du feu. Laisser fondre, lisser puis ajouter 75 g de NUTELLA®.

Ajouter le chocolat au premier mélange et remplir les cercles à moitié. Répartir le NUTELLA® restant dans chaque cercle puis couvrir avec le reste de pâte.

Enfourner pour 8 à 10 minutes (selon que l'on souhaite un résultat plus ou moins coulant).

Moelleux au nutella®

20 minutes de préparation - 30 minutes de cuisson
Pour 6 personnes

- 100 g de chocolat noir
- 100 g de NUTELLA®
- 180 g de beurre (doux ou salé)
- 5 œufs
- 1 cuillerée à soupe bombée de farine
- 150 g de sucre

Préchauffer le four à 180 °C. Beurrer un moule rond (environ 20 cm de diamètre), le garnir d'un papier sulfurisé.

Casser le chocolat dans un bol. Ajouter le beurre coupé en morceaux. Placer le bol au-dessus d'une casserole d'eau chaude. Bien lisser. Ajouter le NUTELLA® puis le sucre. Attendre 5 minutes avant d'ajouter les œufs, un par un, puis la farine en mélangeant délicatement.

Verser la pâte dans le moule et laisser cuire environ 25 minutes : le gâteau doit encore trembloter en son centre.

nutella
nutella nutella nutella nutella

Moelleux aux marrons et au nutella®

30 minutes de préparation - 12 minutes de cuisson
Pour 8 personnes

- 40 g de beurre (+ un peu pour les moules)
- 2 œufs
- 2 jaunes d'œufs
- 60 g de sucre
- 75 g de chocolat noir
- 100 g de NUTELLA®
- 2 cuillerées à café de farine
- 80 g de crème de marrons

Préchauffer le four à 200 °C. Beurrer 8 cercles de 4-5 cm de diamètre et les chemiser d'un papier sulfurisé qui dépasse largement.

Fouetter ensemble les œufs, les jaunes d'œufs et le sucre jusqu'à ce que le mélange blanchisse et épaississe. Ajouter la farine, fouetter encore.

Placer le chocolat et le beurre coupés en morceaux dans un bol, placer le bol sur une casserole d'eau bouillante, hors du feu. Laisser fondre, lisser puis ajouter 75 g de NUTELLA®.

Ajouter le chocolat au premier mélange. Mélanger le NUTELLA® restant avec la crème de marrons.

Remplir à moitié les cercles de pâte au chocolat, répartir le mélange NUTELLA®-marrons dans chaque cercle puis couvrir avec le reste de pâte.

Enfourner pour 12 minutes.

variante
On peut également utiliser de la purée de marrons non sucrée.

Yaourt au nutella® et à la banane

5 minutes de préparation – Pour 1 personne

Mélanger la moitié d'une cuillerée à soupe de NUTELLA® avec 1 yaourt grec ou 1 fjord, bien lisser. Couper 1 banane en tranches, les citronner très légèrement et les mettre dans le yaourt. Faire des zigzags de NUTELLA® dessus. Ceci est un dessert tout bête, sans sophistication, mais délicieux, pour un repas de milieu de semaine !

Semoule au nutella®

5 minutes de préparation - 5 minutes de cuisson - Pour 2-3 personnes

Faire chauffer 1/2 litre de lait. Quand il bout, le retirer du feu, y verser 4 cuillerées à soupe de semoule très fine « en pluie ». Bien mélanger. Remettre sur feu plus doux et remuer sans cesse jusqu'à ce que la semoule épaississe. Incorporer 30 g de NUTELLA® et servir la semoule une fois légèrement tiédie. Ou bien verser la semoule dans des petits ramequins, la laisser refroidir puis la mettre au réfrigérateur pour au moins 1 heure et la déguster froide.

CHAPITRE 5

goûters de fête

Sablés étoile

20 minutes de préparation - 15 minutes de cuisson
30 minutes de repos
Pour 7-8 sablés

- 100 g de beurre mou
- 200 g de farine
- 75 g de sucre glace
- une grosse pincée de cannelle ou les graines d'une demi-gousse de vanille
- 2 jaunes d'œufs
- 1/2 cuillerée à café de levure chimique
- 1 cuillerée à soupe d'eau si nécessaire
- 100 g de NUTELLA®

Avec une spatule en bois, mélanger le beurre, la farine tamisée, la levure, puis le sucre glace et les graines de vanille ou la cannelle.

Quand le mélange est homogène, ajouter les jaunes d'œufs. Finir de rassembler la pâte à la main. Ajouter un peu d'eau si nécessaire. Emballer la pâte dans du film alimentaire et la laisser reposer 30 minutes minimum au réfrigérateur.

Étaler la pâte assez finement (il y aura deux couches).

Découper des ronds d'environ 8 à 10 cm de diamètre avec un emporte-pièce, ou un couteau en s'aidant d'un carton découpé. Faire un trou en forme de cercle, de cœur, d'étoile… dans la moitié des ronds.

Préchauffer le four à 180 °C.

Mettre les biscuits sur des plaques garnies de papier sulfurisé et les enfourner puis baisser la température du four à 170 °C. Cuire 12 à 15 minutes. Laisser refroidir les biscuits sur une grille.

Tartiner les biscuits non troués de NUTELLA®, poser les biscuits troués dessus et ajouter un peu de NUTELLA® dans les trous.

Ces biscuits se conservent plusieurs jours bien enfermés dans une boîte en plastique.

P.R.

Gâteau d'anniversaire à la crème au nutella®

30 minutes de préparation - 25 minutes de cuisson
35 minutes de refroidissement
Pour 6-8 personnes

8 œufs
200 g de sucre
200 g de farine
1 cuillerée à café de levure chimique
1 pincée de sel
100 g de NUTELLA®
250 g de mascarpone
250 g de crème liquide entière
200 g de sucre glace
un peu de jus de citron
du colorant alimentaire de la couleur de son choix

Préchauffer le four à 180 °C.

Beurrer et chemiser deux moules ronds de 18 à 20 cm de diamètre (si l'on n'en a qu'un, on peut s'en contenter, on obtiendra un gâteau plus épais qui cuira un peu plus longtemps et qui sera plus délicat de couper en quatre dans la hauteur car il faut au moins 4 couches).

Séparer les blancs des jaunes d'œufs. Fouetter les jaunes d'œufs avec le sucre jusqu'à ce que le mélange blanchisse et mousse. Fouetter les blancs d'œufs en neige.

Mélanger la farine avec la levure et le sel puis tamiser le tout. Incorporer au mélange jaunes-sucre très délicatement, en alternant, les blancs en neige et la farine. Répartir la pâte dans les deux moules et enfourner pour 25 minutes environ. Laisser refroidir 5 minutes, démouler puis laisser refroidir encore 30 minutes.

Assouplir le mascarpone en le battant à la spatule dans un bol. Lui ajouter les trois quarts du NUTELLA®. Bien mélanger. Fouetter la crème liquide en chantilly. Incorporer le mascarpone à la chantilly, très délicatement.

Couper chaque gâteau en deux (ou en trois, si l'on y arrive) dans l'épaisseur. À la cuillère ou à la poche à douille, réaliser un cordon avec le NUTELLA® restant tout autour d'un disque de biscuit, puis le tartiner de crème. Déposer un deuxième disque, faire un cordon de NUTELLA®, tartiner le biscuit et poursuivre ainsi pour les autres couches.

Préparer un glaçage en mélangeant le sucre glace, un peu de jus de citron et suffisamment d'eau chaude pour obtenir un mélange légèrement coulant. Ajouter le colorant si on le souhaite. Couler ce glaçage sur le gâteau en lissant bien.

On peut augmenter le nombre de couches en préparant plus de gâteaux ! Sans moule, on peut aussi cuire le gâteau sur une plaque puis découper des ronds et des rectangles qu'on empile.

Gâteau d'anniversaire au chocolat

30 minutes de préparation - 30 minutes de cuisson
Pour 6 personnes

- 75 g de chocolat noir
- 75 g de beurre (+ un peu pour le moule)
- 125 g de NUTELLA®
- 5 œufs
- 75 g de sucre
- 100 g de farine
- 1/2 cuillerée à café de levure chimique
- 250 g de fromage frais à tartiner
- un peu de sucre glace pour saupoudrer

Préchauffer le four à 180 °C.

Casser le chocolat dans un bol. Ajouter le beurre coupé en morceaux. Faire bouillir de l'eau dans une casserole et, hors du feu, poser le bol sur l'eau pour faire fondre le chocolat. Ajouter les trois quarts du NUTELLA®. Bien mélanger.

Séparer les blancs des jaunes d'œufs. Fouetter ensemble les jaunes d'œufs et le sucre jusqu'à ce que la préparation blanchisse et mousse. Incorporer le chocolat.

Fouetter les blancs d'œufs en neige. Incorporer délicatement au mélange chocolaté la farine mélangée à la levure puis les blancs en neige.

Verser cette préparation dans un moule rond beurré (choisir un moule assez haut, sinon prendre 2 moules). Enfourner pour 30 à 35 minutes.

Mélanger le reste du NUTELLA® avec le fromage frais.

Quand le gâteau est cuit, démoulé et refroidi, le couper en trois ou en quatre dans l'épaisseur. Tartiner chaque tranche de gâteau de fromage frais au NUTELLA® puis les empiler pour reformer le gâteau.

Découper une étoile dans du papier sulfurisé, la déposer au centre du gâteau et saupoudrer tout le gâteau de sucre glace. Retirer l'étoile en papier.

Gâteau Louise

35 minutes de préparation - 35 minutes de cuisson
Pour 10 personnes

- 250 g de beurre bien mou (+ un peu pour le moule)
- 100 g d'abricots secs, moelleux (facultatif)
- 200 g de sucre
- 4 œufs sortis à l'avance du réfrigérateur 1 h minimum
- 100 g de farine
- 75 g de poudre de noisettes (ou d'amandes)
- 75 g de NUTELLA®
- 200 g de pâte d'amandes
- 150 g de sucre glace

Beurrer un moule carré de 20 cm de côté environ – on peut aussi faire le gâteau en rond, dans un moule de 18 à 23 cm, il sera plus ou moins épais. Garnir le fond d'un morceau de papier sulfurisé.

Hacher (au robot, si l'on en a un) les abricots secs très finement.

Fouetter ensemble le beurre et le sucre jusqu'à ce que le mélange s'allège et devienne très pâle et mousseux. Ajouter très progressivement les œufs en fouettant. Puis ajouter la farine, la poudre de noisettes et les abricots en les incorporant doucement, sans fouetter. Verser cette pâte dans le moule et enfourner pour 35 minutes environ (la pointe d'un couteau doit en ressortir propre).

Laisser reposer le gâteau 10 minutes puis le démouler. Le laisser refroidir environ 20 minutes puis tartiner le dessus du gâteau de NUTELLA® – en garder environ 40 g pour la déco.

Étaler au rouleau, très finement, la pâte d'amandes, en utilisant du sucre glace sur le plan de travail. Poser cette pâte sur le gâteau : elle doit faire la taille du dessus du gâteau, en dépassant de 5 mm environ.

Mélanger le sucre glace avec un peu d'eau, juste assez pour obtenir une consistance très légèrement coulante. Verser ce glaçage sur le gâteau, en le répartissant à l'aide d'une spatule. Laisser prendre à température ambiante (compter 15 à 20 minutes) et dessiner des motifs au NUTELLA® à l'aide d'une poche à douille coupée au bout.

C'est un gâteau assez riche qui se mange en petites parts.

Louise

Étoiles feuilletées au nutella®

30 minutes de préparation – 20 à 25 minutes de cuisson
Pour 4 étoiles

12 noisettes entières

200 g de pâte feuilletée pur beurre (c'est une bonne recette à faire avec des chutes de pâte. On fait donc avec la quantité de pâte disponible le nombre d'étoiles qu'on peut)

100 g de NUTELLA®

1 œuf pour dorer

Préchauffer le four à 190 °C. Mettre les noisettes sur une plaque couverte de papier sulfurisé et les enfourner à l'étage du haut pour 6-7 minutes. Les sortir.

Monter le four à 210 °C.

Étaler la pâte, découper 8 ronds plus grands que les étoiles désirées (on réétale les chutes s'il le faut). Répartir le NUTELLA® sur 4 ronds, ajouter 3 noisettes par rond de pâte, mouiller les bords autour et poser un second rond de pâte. Bien appuyer tout autour du NUTELLA® pour sceller les bords puis couper à l'aide d'un emporte-pièce en forme d'étoile – ou au couteau.

Poser les étoiles sur une plaque légèrement humide. Les dorer au pinceau avec l'œuf battu puis les enfourner pour 20 à 25 minutes.

Gâteau de crêpes

45 minutes de préparation - 1 heure minimum de repos
35 minutes de cuisson
Pour 8 personnes

- 360 g de farine
- 180 g de farine de châtaigne
- 1 cuillerée à café de sel
- 12 œufs
- 1,350 litre de lait
- 200 ml de crème liquide entière
- 200 g de NUTELLA®
- 240 g de beurre
- 50 g de chocolat noir, haché (facultatif)

Mélanger les farines et le sel. Faire un puits, ajouter les œufs, mélanger petit à petit puis ajouter le lait. Fouetter énergiquement pour bien mélanger et enlever les grumeaux. Laisser reposer plusieurs heures si possible, l'idéal étant de faire la pâte la veille (dans ce cas, la mettre au réfrigérateur).

Faire chauffer la crème liquide. Juste avant l'ébullition, ajouter le NUTELLA®. Bien remuer et ajouter 2 cuillerées à soupe d'eau chaude.

Faire chauffer une poêle sur feu assez fort. Baisser ensuite un petit peu le feu. Faire fondre la moitié du beurre, le verser dans la pâte et remuer.

Verser une petite louche de pâte dans la poêle et tourner pour étaler. Lorsque des petites bulles se forment à la surface et que l'ensemble semble « pris », retourner la crêpe avec une spatule (ou en la faisant sauter si la poêle est légère !). Cuire à peine 1 minute de l'autre côté puis déposer la crêpe sur un plat de service et la tartiner d'une cuillerée à café ou deux de la sauce au NUTELLA®.

Continuer avec les crêpes, en tartinant une fois sur deux, jusqu'à épuisement de la pâte. On peut manger ce gâteau tout de suite ou plus tard une fois qu'il a refroidi.

Pizza au chocolat et au nutella®

30 minutes de préparation – 10 minutes de cuisson
2 heures de repos
Pour 2 pizzas

- 300 g de farine, de préférence type 65 (magasins bio)
- 1/2 sachet de levure de boulanger (ou 10 g de levure fraîche de chez le boulanger)
- 150 ml d'eau tiède
- 1 cuillerée à café de sel
- 3 cuillerées à soupe d'huile d'olive
- 1 cuillerée à soupe de semoule très fine
- 50 g de chocolat au lait ou noir aux noisettes
- 60 g de NUTELLA®
- 125 g de yaourt grec ou brassé

Préparer la pâte à pizza, la veille ou le matin : mettre la farine dans un grand saladier (ou le bol d'un robot capable de pétrir). Ajouter le sel et faire un puits. Mettre la levure dans un petit bol, ajouter un peu d'eau tiède, attendre 5 minutes et délayer (si c'est de la fraîche, ajouter la levure et l'eau directement dans la farine). Verser la levure dans le puits, ajouter l'huile d'olive et toute l'eau tiède restante.
Mélanger et pétrir la pâte obtenue au robot ou sur un plan de travail fariné pendant 8-10 minutes.
Mettre la pâte dans un bol huilé, couvrir d'un film alimentaire (légèrement huilé lui aussi) et laisser lever pendant 2 heures.

Préchauffer le four à température maximale et y déposer une plaque à chauffer.

Étaler la pâte très finement sur un plan de travail en deux morceaux, deux ronds ou deux rectangles. Les saupoudrer de semoule puis les poser sur une feuille de papier sulfurisé. Hacher le chocolat et le répartir sur les pizzas. Enfourner pour 10 minutes : attention, le chocolat brûle vite !

Détendre le NUTELLA® en plaçant le pot dans une casserole d'eau chaude. Mélanger le yaourt avec la moitié du NUTELLA®. Répartir ce mélange sur les pizzas sorties du four. Faire des zigzags de NUTELLA® dessus. C'est prêt !

Pizza banane

30 minutes de préparation - 10 minutes de cuisson
2 heures de repos
Pour 2 pizzas

- 300 g de farine type 65 (magasins bio)
- 1 cuillerée à café de sel
- 1/2 sachet de levure de boulanger (ou 10 g de levure de boulanger fraîche)
- 150 ml d'eau tiède
- 3 cuillerées à soupe d'huile d'olive
- 5 bananes
- 1 citron
- 60 g de beurre
- 1 pincée de cannelle ou de cardamome en poudre
- 1 cuillerée à soupe de cassonade
- 25 g de chocolat noir
- 75 g de NUTELLA®
- 1 cuillerée à soupe de semoule très fine
- 1 cuillerée à soupe de pistaches concassées (facultatif)

Préparer la pâte à pizza, la veille ou le matin : mettre la farine dans un grand saladier (ou le bol d'un robot capable de pétrir). Ajouter le sel, mélanger puis faire un puits.

Mettre la levure dans un petit bol, ajouter un peu d'eau tiède, attendre 5 minutes et délayer (si c'est de la fraîche, la délayer directement sans attendre). Verser la levure dans le puits de farine, ajouter 3 cuillerées à soupe d'huile d'olive et toute l'eau tiède restante. Mélanger et pétrir la pâte obtenue au robot ou sur un plan de travail fariné pendant 8 à 10 minutes. Mettre la pâte dans un bol huilé, couvrir d'un film alimentaire (légèrement huilé lui aussi) et laisser lever pendant au moins 2 heures.

Peler les bananes, les citronner. Les couper en deux dans le sens de la longueur. Faire fondre la moitié du beurre dans une poêle et dorer les bananes des deux côtés, sur feu moyen à fort. Quand elles commencent à dorer, ajouter les épices et la cassonade, laisser caraméliser 1 minute.

Mettre le reste du beurre, le chocolat cassé en morceaux et le NUTELLA® dans un bol, poser le bol sur une casserole d'eau très chaude, laisser fondre puis mélanger.

Préchauffer le four à 260 °C et y déposer une plaque à chauffer.

Diviser la pâte en deux et étaler chaque morceau en rond ou en rectangle. Les poser sur une feuille de papier sulfurisé. Poser les bananes sur les pâtes en raclant bien la poêle. Enfourner pour 8 à 10 minutes.

À la sortie du four, faire des zigzags de sauce choco-NUTELLA® et servir (avec crème et/ou glace au choix).

Si l'on ne veut pas faire autant de pizzas, faire quand même toute la pâte et préparer des pizzas salées avec le reste (ça n'a pas trop de sens de faire moins de pâte).

Caramels fondants au nutella®

10 minutes de préparation – 15 à 20 minutes de cuisson
2 heures de repos
Pour 15-20 caramels

- huile
- 150 ml de lait
- 25 g de beurre
- 175 g de sucre
- 50 g de NUTELLA®

Huiler un petit moule ou une boîte en plastique de 15 cm de côté environ.

Mettre le lait, le beurre et le sucre dans une petite casserole. Faire chauffer et remuer jusqu'à ce que le beurre soit fondu et le sucre dissous. Porter à ébullition puis laisser bouillir pendant 15 à 20 minutes : on doit obtenir un mélange très dense.

Ôter la casserole du feu et ajouter le NUTELLA®. Bien remuer.

Laisser refroidir le mélange 5 minutes puis le fouetter énergiquement. Le verser dans le moule ou la boîte et laisser durcir à température ambiante pendant 2 heures avant de le couper en morceaux.

Gâteau sans cuisson

25 minutes de préparation - 2 heures à 1 nuit de repos au frais
Pour 6 personnes

- 50 g de beurre mou (+ un peu pour le moule)
- 50 g de sablés (galettes bretonnes, sablés au chocolat... des biscuits que vous aimez et qui croustillent)
- 30 g de chocolat
- 750 g de cacao en poudre
- 100 g d'amandes en poudre
- 5 g de NUTELLA®
- 1 œuf

Beurrer un moule à cake pas trop grand (mais peu importe la taille précise, la tranche sera juste plus ou moins épaisse).

Hacher au couteau (ou écraser avec une bouteille) les biscuits et le chocolat. Mélanger le beurre avec le cacao et les amandes : on obtient une sorte de crème d'amandes au chocolat. Ajouter le NUTELLA® et l'œuf. Bien mélanger puis ajouter les morceaux de gâteaux et de chocolat.

Mettre la pâte dans le moule, lisser et laisser 2 heures, ou même toute la nuit, au réfrigérateur. Pour servir, couper en tranches très fines (c'est très riche !).

Caramels craquants aux amandes

10 minutes de préparation - 15 minutes de cuisson
2 heures de repos
Pour 15-20 caramels

huile

125 g de sucre

40 ml de crème liquide entière

50 g de NUTELLA®

1 pincée de sel

150 g d'amandes hachées

Huiler un petit moule ou une boîte en plastique de 15 cm de côté environ. Avec le sucre, faire un caramel : le mettre dans une casserole avec un petit peu d'eau et chauffer, sans remuer, jusqu'à ce que le sucre fonde, devienne un sirop bouillant et finisse par prendre une coloration dorée.

Pendant ce temps, faire chauffer la crème liquide mais ne pas la laisser bouillir.

Quand le caramel atteint 180 °C – il doit avoir une couleur dorée claire, le caramel n'est alors pas encore tout à fait prêt – y verser la crème. Bien remuer puis ajouter le NUTELLA® et le sel. Remuer puis ajouter les amandes.

Verser le caramel dans le moule ou la boîte et laisser durcir 2 heures à température ambiante avant de le couper en morceaux.

Fudge à la guimauve

10 minutes de préparation - 15 minutes de cuisson
3-4 heures de repos
Pour 4 personnes

100 g de NUTELLA®

250 g de chocolat noir

1 pincée de sel

390 g de lait concentré non sucré (1 boîte)

une trentaine de mini guimauves

Préchauffer le four à 190 °C.

Dans une casserole, déposer le NUTELLA®, le chocolat, le sel et le lait concentré. Mettre sur feu doux et chauffer jusqu'à ce que le tout soit bien fondu.

Verser cette préparation dans un moule carré ou une boîte en plastique (environ 18 cm de côté). Parsemer de guimauves et les enfoncer légèrement. Placer au congélateur pour 3 à 4 heures.

Couper ensuite le fudge en morceaux.

Galette des rois au nutella®

35 minutes de préparation - 35 minutes de cuisson
Pour 6-8 personnes

- 500 g de pâte feuilletée pur beurre prête à l'emploi
- 100 g d'amandes en poudre
- 30 g de beurre mou
- 1 cuillerée à soupe de sucre
- quelques gouttes de rhum (facultatif)
- 3 cuillerées à soupe de yaourt grec (ou crème fraîche)
- 1 œuf + 1 œuf pour la dorure
- 100 g de NUTELLA®

Préparer la crème d'amandes : mélanger le beurre et le sucre. Ajouter l'œuf puis la poudre d'amandes, le yaourt ou la crème et le rhum.

Préchauffer le four à 200 °C.

Couper la pâte feuilletée en deux (un morceau à peine plus gros que l'autre). Étaler chaque morceau en rond, l'un un peu plus fin et plus petit que l'autre. Poser le disque de pâte le plus fin sur une plaque humide. Étaler le NUTELLA® à la cuillère sur ce rond, en restant à 1 cm du bord. Puis étaler la crème d'amandes par-dessus.

Dorer le pourtour avec l'œuf restant battu. Poser la seconde abaisse de pâte par-dessus et appuyer pour sceller les bords en chassant bien l'air autour du paquet de crème. Mettre 10 minutes au réfrigérateur.

Couper les bords de la galette en faisant des pointes ou des pétales. Dessiner un motif sur le dessus. Dorer, deux fois, en laissant sécher 5 minutes entre chaque passage. Enfourner la galette pour 30-35 minutes.

Mini moelleux guimauve

20 minutes de préparation - 8 à 10 minutes de cuisson
Pour 8 personnes

40 g de beurre (+ un peu pour les moules)
2 œufs
2 jaunes d'œufs
60 g de sucre
2 cuillerées à café de farine
75 g de chocolat noir
100 g de NUTELLA®
une trentaine de mini guimauves, ou bien 8 grosses coupées en morceaux

Préchauffer le four à 200 °C. Beurrer 8 cercles de 4-5 cm de diamètre et les chemiser d'un papier sulfurisé qui dépasse largement.

Fouetter ensemble les œufs, les jaunes d'œufs et le sucre jusqu'à ce que le mélange blanchisse et épaississe. Ajouter la farine, fouetter encore.

Placer le chocolat et le beurre coupés en morceaux dans un bol, placer le bol sur une casserole d'eau bouillante, hors du feu. Laisser fondre, lisser puis ajouter 75 g de NUTELLA®. Ajouter ce mélange à la préparation aux œufs.

Remplir les cercles avec la pâte au chocolat. Répartir le NUTELLA® restant dans chaque cercle et y planter des bouts de guimauve.

Enfourner pour 8 à 10 minutes : les guimauves caramélisent et font de jolies formes.

Chocolat chaud au nutella®

5 minutes de préparation - 30 minutes de cuisson
Pour 4 personnes

1,2 litre de lait
100 g de NUTELLA®
un peu d'extrait de vanille
ou une pincée de cannelle

Faire chauffer le lait dans une casserole. Quand il est chaud, lui ajouter le NUTELLA® et fouetter pour bien le délayer. Ajouter la cannelle ou la vanille. Puis laisser cuire à feu doux pendant une vingtaine de minutes pour laisser le chocolat devenir plus dense. Servir.

conseil
On peut faire mousser une partie du lait chocolaté dans un siphon, si l'on en a un, pour faire une écume sur le chocolat. On peut aussi utiliser un appareil spécial cappuccino, ou bien fouetter énergiquement au fouet !

variante
Ce chocolat est bon ainsi, pas trop riche. Mais on peut aussi ajouter 50 g de chocolat noir haché dans le lait chaud pour un résultat plus corsé.

Café moka au nutella®

10 minutes de préparation - 5 minutes de cuisson
Pour 2 personnes

4 petits cafés (expressos, ou l'équivalent en quantité en cafetière italienne, ou en filtre mais un peu fort)

100 ml de lait

50 ml de crème liquide entière (facultatif)

un peu de cannelle ou de quatre-épices

25 g de NUTELLA®

Fouetter la crème liquide en chantilly (l'idéal à vrai dire, c'est d'en faire une plus grande quantité qu'on utilise pour un autre dessert).

Faire chauffer le lait.

Fouetter le café bien chaud avec le NUTELLA® et ajouter le lait. Réchauffer tout doucement si nécessaire.

Verser le moka dans deux tasses, napper de crème fouettée et d'un peu d'épices saupoudrées dessus.

Remarque
On peut faire mousser le lait au siphon si on en a un.

Chocolat froid au nutella®

10 minutes de préparation - 30 minutes de repos
Pour 2 personnes

- 500 ml de lait
- 50 g de NUTELLA®
- 100 ml de crème liquide entière

Fouetter ensemble le lait et le NUTELLA®. Mettre au réfrigérateur.
Pendant ce temps, fouetter la crème liquide en chantilly.
Servir le chocolat bien froid nappé de crème Chantilly.

Variante banane
Mixer une banane avec le lait et le NUTELLA®.
Servir avec ou sans chantilly.

Variante milkshake
Mixer le lait avec deux boules de glace et le NUTELLA®.
Servir avec ou sans la chantilly.

annexes

les bases
page 182

la table des recettes
page 190

Pâte à crêpe toute simple

20 minutes préparation - 4 heures de repos, si possible
20 minutes de cuisson
pour 4 personnes, une douzaine de crêpes

120 g de farine
60 g de farine de châtaigne
4 œufs
450 ml de lait
1 grosse pincée de sel
80 g de beurre

Mélanger les farines et le sel. Faire un puits, ajouter les œufs, mélanger petit à petit puis ajouter le lait. Fouetter énergiquement pour bien mélanger et enlever les grumeaux. Laisser reposer plusieurs heures si possible, l'idéal étant de faire la pâte la veille (dans ce cas, la mettre au réfrigérateur).

Faire chauffer une poêle sur feu assez fort puis baisser un petit peu le feu. Faire fondre la moitié du beurre, le verser dans la pâte et remuer. Verser une petite louche de pâte dans la poêle et tourner pour étaler. Lorsque des petites bulles se forment à la surface et que l'ensemble semble « pris », retourner la crêpe avec une spatule (ou en la faisant sauter si la poêle est légère !). Cuire à peine 1 minute de l'autre côté puis déposer la crêpe sur une assiette.

Il faudra peut-être tatonner un peu pour trouver la bonne température de feu et la bonne quantité de pâte à mettre dans la louche. Remettre un peu de beurre dans la poêle entre chaque crêpe.

Ces crêpes à la châtaigne sont délicieuses avec du NUTELLA® !

Génoise simple légère à tartiner

25 minutes de préparation - 30 minutes de cuisson
Pour 4 personnes

- du beurre pour le moule
- 4 œufs
- 100 g de sucre
- 100 g de farine
- 1/2 cuillerée à café de levure chimique
- 1 pincée de sel
- quelques gouttes d'extrait de vanille ou les graines d'un quart de gousse environ
- du NUTELLA® pour tartiner

Préchauffer le four à 180 °C.

Beurrer et chemiser de papier sulfurisé un moule rond de 18 à 20 cm de diamètre – ou un moule carré pas trop grand, à peu près, 15 cm de côté.

Séparer les blancs des jaunes d'œufs. Fouetter les jaunes d'œufs avec le sucre jusqu'à ce que le mélange blanchisse et mousse. Fouetter les blancs d'œufs en neige. Tamiser ensemble la farine, la levure et le sel. Incorporer très délicatement, en alternant, les blancs en neige et les poudres tamisées au mélange jaunes-sucre.

Enfourner pour 25 minutes environ. Laisser la génoise refroidir 5 minutes, la démouler puis la laisser refroidir encore 30 minutes.

Servir et la tartiner de NUTELLA® selon les goûts de chacun.

P.B.

Gaufres à tartiner

40 minutes de préparation - 20 minutes de cuisson
2 heures de repos (ou toute la nuit)
Pour une dizaine de gaufres

- 1 sachet de levure de boulanger
- 500 ml de lait tiède
- 125 ml d'eau tiède
- 100 g de beurre fondu
- 1 cuillerée à café de sel
- 1 cuillerée à café de sucre
- 300 g de farine
- 2 œufs
- ¼ de cuillerée à café de bicarbonate de soude (facultatif)
- 75 g de NUTELLA® (ou plus)
- 150 ml de crème liquide entière (facultatif)

Mettre la levure dans un grand bol et verser un peu de lait tiède dessus. Attendre 5 minutes puis remuer pour délayer. Ajouter le reste du lait et l'eau tièdes, le beurre, le sel, le sucre et la farine. Bien fouetter, si nécessaire, au fouet électrique pour bien éliminer les grumeaux. Laisser reposer la pâte au moins 2 heures ou, mieux, toute la nuit, à température ambiante, couverte d'un film alimentaire ou d'un torchon.

Ajouter les œufs en fouettant puis le bicarbonate si on l'utilise.

Chauffer le moule à gaufres et verser à peu près une louche pour les deux empreintes (mais cela dépend des moules et des louches – il faut couvrir les empreintes mais sans faire déborder).

Cuire les gaufres et déguster avec du NUTELLA® ou de la chantilly au NUTELLA® réalisée avec de la crème liquide entière fouettée additionnée de NUTELLA®.

utella

Riz au lait

5 minutes de préparation - 20 minutes de cuisson

Pour 4 personnes

500 ml de lait

1/2 gousse de vanille
ou 1 pincée de cannelle ou
3 gousses de cardamome

50 g de riz rond

4 cuillerées à soupe
de crème fraîche
ou de yaourt grec

60 g de NUTELLA®

Faire chauffer le lait avec, au choix, 1/2 gousse de vanille fendue en deux, la cardamome ou la cannelle.

Juste avant l'ébullition, verser le riz en pluie. Remuer. Cuire à feu assez doux en remuant souvent jusqu'à ce que le riz soit tendre et l'ensemble crémeux (compter environ 20 minutes). Enlever la ou les gousses.

Ajouter alors la crème ou le yaourt hors du feu.

Verser la crème dans des ramequins puis déposer 1 cuillerée à soupe de NUTELLA® sur chaque part au moment de servir. Déguster tiède ou froid.

table des recettes

Viennoiserie et petits goûters

Grille à la poire et au **nutella** 6
Brioche fourrée au **nutella**.......................8
Petits pains roulés au **nutella**................10
Chaussons à la poire et au **nutella** 12
Petits pains briochés au **nutella**...........14
Chaussons à l'italienne 16
Palmiers au **nutella** 18
Flan pâtissier au **nutella** 20
Muffins noix-banane et **nutella** 22
Muffins au sarrasin et au **nutella**..........24
Muffins cœur de **nutella** 26
Pain perdu au **nutella**............................28
Barres de céréales au **nutella** 30
Granola...32
Pain aux noisettes et au **nutella**...........34

Petites douceurs

Truffes au **nutella**...................................38
Meringues au **nutella** 40
Brownies au **nutella**...............................42
Madeleines nappées de **nutella** 44
Madeleines à la châtaigne
et au **nutella**...46
Madeleines au café
et au **nutella**...48
Madeleines à la cerise
et au **nutella** 50
Madeleines au choco-blanc
et au **nutella**...52
Bricks à la banane et au **nutella** 54
Cigares aux amandes
et au **nutella**...56
Cookies bicolores au **nutella** 58
Cookies aux noix et au **nutella** 60
Cookies guimauve et **nutella**...............62
Cônes à la crème de **nutella**................64
Caramel au **nutella** 66
Shortbread du millionnaire....................68

Les desserts chics

Charlotte au **nutella** et au lait ribot 72
Bûche à la pistache et au **nutella** 74
Forêt-noire au **nutella**............................76
Roulé au **nutella**....................................78
Roulé à la noix de coco
et au **nutella**...80
Mille-feuille crème
de marron-**nutella**................................82
Vacherins chic au **nutella** 84
Gâteau aux biscuits Thé
et au **nutella**...86
Baba à la chantilly au **nutella**...............88
Cheese-cake 90
Tiramisu 92
Mousse au **nutella** 94
Mousse de **nutella** langue-de-chat......96
Verrines noix de coco et **nutella** 98
Poires Belle-Hélène au **nutella** 100
Trifle...102

Les bonnes choses toutes simples

Sablé breton au nutella 106
Cake marbré au nutella 108
Cake aux pistaches et au nutella 110
Cake au nutella et au thé matcha 112
Cake aux abricots et au nutella 114
Gâteau tout simple poire et nutella 116
Tarte à la poire et au nutella 118
Génoise toute simple au nutella 120
Crème maison au nutella 122
Mousse légère au nutella 124
Tarte craquante 126
Verrines Palmito banane 128
Café liégeois au nutella 130
Sundae coco nutella 132
Bananes sautées sauce au nutella 134
Coulants au nutella 136
Moelleux au nutella 138
Moelleux aux marrons et nutella 140
Yaourt au nutella et à la banane 142
Semoule au nutella 143

Goûters de fête

Sablés étoile 146
Gâteau d'anniversaire à la crème de nutella 148
Gâteau d'anniversaire au chocolat 150
Gâteau Louise 152
Étoiles feuilletées au nutella 154
Gâteau de crêpes 156
Pizza au chocolat et au nutella 158
Pizza banane 160
Caramels fondants au nutella 162
Gâteau sans cuisson 164
Caramels craquants aux amandes 166
Fudge à la guimauve 168
Galette des rois au nutella 170
Mini moelleux guimauve 172
Chocolat chaud au nutella 174
Café moka au nutella 176
Chocolat froid au nutella 178

Les bases

Pâte à crêpe toute simple 182
Génoise simple légère à tartiner 184
Gaufres à tartiner 186
Riz au lait 188

SHOPPING

Pour les couleurs, merci à Pia et les peintures The Little Shop

www.the-little-shop.com

Relecture et édition : Audrey Génin et Véronique Dussidour
Illustrations de chapitres : Charlotte Castaing

4119517-01
978-2-501-08142-9
Dépôt légal : octobre 2012
Impression en CHINE par Toppan Leefung